JN090723

韓国語能力試験
TOPIK I 完全ガイド

TOPIK

I

IBCパブリッシング

編　　集　이숙희, 김숙희, 백다흰
カバーデザイン　윤지영
本文デザイン　윤지영, 박은비
イラスト　AFEAL
声　　優　신소윤, 김래환

ISBN978-4-7946-0739-3

●音声一括ダウンロード●

本書の朗読音声（MP3形式）を下記URLとQRコードから無料でPCなどに一括ダウンロードすることができます。

https://ibcpub.co.jp/audio_dl/0739/

※ダウンロードしたファイルはZIP形式で圧縮されていますので、解凍ソフトが必要です。
※MP3ファイルを再生するには、iTunesやWindows Media Playerなどのアプリケーションが必要です。
※PCや端末、ソフトウェアの操作・再生方法については、編集部ではお答えできません。付属のマニュアルやインターネットの検索を利用するか、開発元にお問い合わせください。

まえがき

近年、K-POP、K-Movie、K-Drama、K-Beautyなど、Kのつく表現が世界中に広まるにつれ、韓国を理解し、韓国語を学ぶことへの情熱が高まっています。また、韓国語の実力を確認するためにTOPIKを受験する外国人も年々急増しています。

それに伴い、TOPIKの出題形式や内容も変化し続けており、受験者にとっては試験への適応や対策が難しくなっています。長く韓国語教育に携わってきた我々著者たちは、2009年に最初の『Complete Guide to the TOPIK』を出版し、2014年に『Complete Guide to the TOPIK (New Edition)』を出版し、新しい出題形式に沿った改訂版としました。そして今回、学習者の皆さんがより完璧に試験に備えられるように、最新のTOPIKの問題形式に対応した『Complete Guide to the TOPIK (3rd Edition)』を刊行しました。

『Complete Guide to the TOPIK (3rd Edition)』は新しい出題形式を分類し、その形式ごとに解答方法を解説しているので、学習者の皆さんが正解を簡単に探すことができるようになっています。さらに、新しい語彙が強化されているので、正確で豊富な語彙を身につけることができます。掲載されている練習問題や模擬試験を解くことで、より高得点を狙えるようになります。

本書を通して一歩一歩TOPIKの試験対策をしていくうちに、試験の点数だけでなく、いつの間にか韓国語の聞き取りや使い方が目に見えて上達していることに気がつくと思います。本書が学習者の皆さんにとって信頼できるTOPIK準備のガイドとなることを願っています。皆さんの韓国語学習への情熱に感謝し、よい結果が出ることを祈っています。また、この本を一緒に作ってくれたイ・ジウンさん、そしてDarakwon韓国語図書出版部の編集者たちに感謝します。

キム・ジンエ
ソウル韓国語アカデミー

本書の使い方

本書は、TOPIKを受験する学習者のために書かれたものです。PART1、PART2、PART3、解答・解説から構成されており、過去に出題されたTOPIKの出題パターンを分析し、各問題の特徴を把握した上で、練習問題や模擬試験を解いて本番の試験に備えることができます。また、リスニング問題のQRコードから音声を聞くことができるので、TOPIKの試験問題に対する理解を深め、実践的な経験を積むことができます。

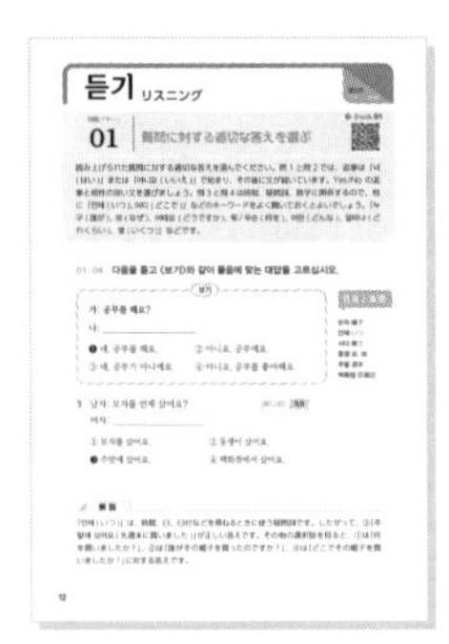

PART1では、過去によく出題された主な問題形式を厳選して紹介し、そのパターンを分析した上で、カギとなる攻略法と解説を掲載しています。また、問題に出てくる単語だけでなく、関連する単語も補足して紹介しているので、語彙や表現の知識を深めることができます。

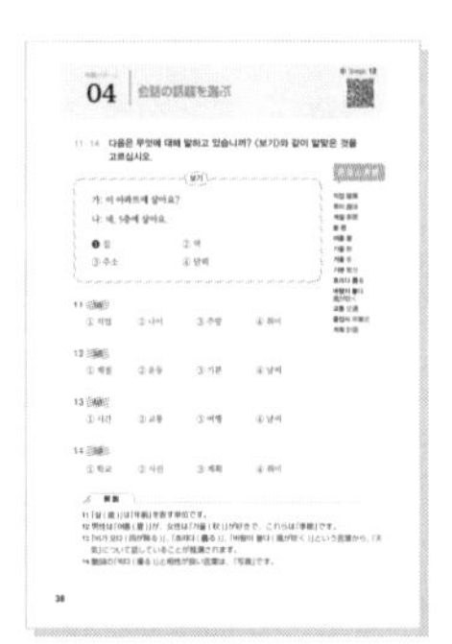

PART2では、PART1で紹介した出題パターンをより実践的に把握できるよう、形式ごとの練習問題と解説を掲載しています。また、PART1と同じく、問題やそれに関連する語彙と表現も紹介しています。

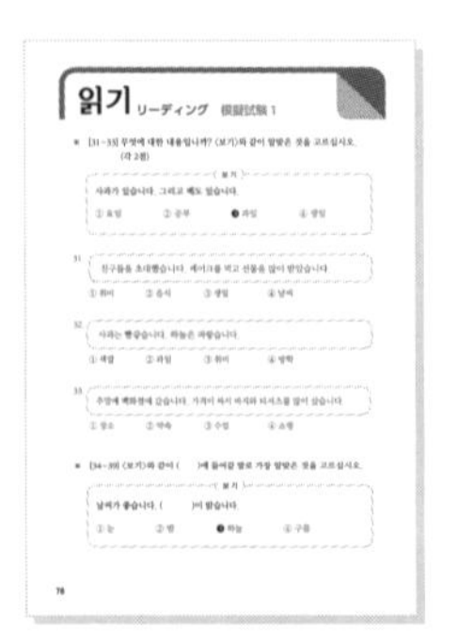

PART3では、2回分の模擬試験を通して、本番の試験を想定したシミュレーションを行います。この模擬試験によって、事前に自分の実力を測定するとともに、時間配分などの受験戦略を立てることができます。

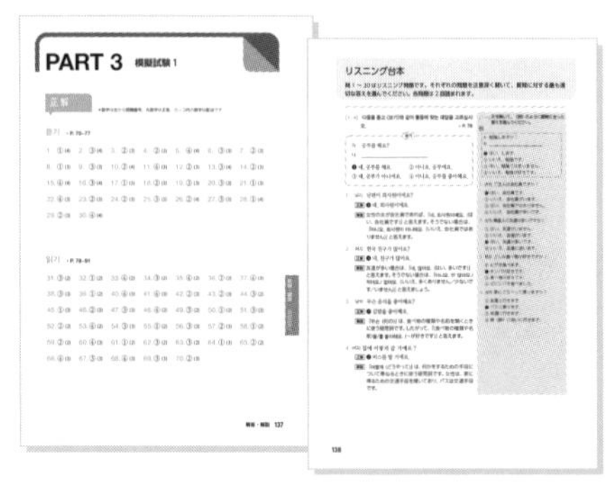

解答・解説のセクションでは、PART2の練習問題とPART3の模擬試験の解答や解説を確認できます。なお、リスニングとリーディングの台本には日本語訳を掲載し、試験内容をより理解しやすくしています。各問題や文法・語彙の解説が充実しているので、TOPIK対策に最適です。

もくじ

TOPIK(韓国語能力試験)について

1. TOPIKの目的

- TOPIK (Test of Proficiency in Korean の略) は、韓国語を母国語としない在外韓国人や外国人に韓国語学習の正しい道筋を示し、韓国語の普及を図ることを目的としています。
- TOPIKの成績は、現地の大学受験や就職に活用することができます。

2. TOPIKの受験者

韓国語を母国語としない在外韓国人および外国人
- 韓国語を学習している者および現地の大学への入学を希望する者
- 国内外の韓国企業や公的機関に入社・就職を希望する者
- 海外の学校に留学または卒業した韓国人

3. 成績の有効期間

試験結果の発表日から2年間有効

4. 主催者

大韓民国教育省(日本の文部科学省にあたる)・国立国際教育院

5. TOPIK受験のメリット

- 韓国内の大学への入学・卒業基準としての役割
- 韓国内外の企業や公共機関への応募
- 永住権や就職などのビザ取得のための条件を満たすことができる
- 大韓民国政府招請奨学生プログラムの履修
- 海外の大学で韓国語を専攻する際の単位代替や卒業要件として利用することができる

6. 試験の時間割

区分	時限	種類	日本時間			試験時間(分)
			入室完了時間	開始	終了	
TOPIK I	1	듣기 읽기	09:30	10:00	11:40	100
TOPIK II	1	듣기 쓰기	12:30	13:00	14:50	110
	2	읽기	15:10	15:20	16:30	70

注: TOPIK Iは1時限のみです。

7. 試験日程

日本国内では4月・7月・10月の年3回（2022年現在）

8. 試験の等級および評価

- 受験級：TOPIK I、TOPIK II
- 評価等級：6等級（TOPIK I は1級～2級、TOPIK II は3級～6級）
- 評価は獲得した点数の合計で行い、等級ごとの合格点は以下の通りです。

区分	TOPIK I		TOPIK Ⅱ			
	1級	2級	3級	4級	5級	6級
合格点	80 ～ 139	140 ～ 200	120 ～ 149	150 ～ 189	190 ～ 229	230 ～ 300

注：第35回以前の試験の等級では、TOPIK I は初級（1級～2級）、TOPIK Ⅱ は中級（3級～4級）・高級（5級～6級）の水準です。

9. 問題の構成

(1) 難易度別構成

区分	時限	種類(時間)	形式	問題数	配点	合計点
TOPIK I	1	듣기 (40分)	四択	30	100	200
		읽기 (60分)	四択	40	100	
TOPIK Ⅱ	1	듣기 (60分)	四択	50	100	300
		쓰기 (50分)	記述	4	100	
	2	읽기 (70分)	四択	50	100	

(2) 問題の種類

- 多肢選択問題（与えられた４つの選択肢の中から１つの答えを選ぶ）
- 主観的な問題（ライティング）
  - ・文章完成問題（短答式）２問
  - ・エッセイ２問（200～300字程度で説明する中級レベル１問、600～700字程度で論述する上級レベル１問）

10. 等級別評価基準

区分	等級	評価基準
TOPIK I	1級	- 「自己紹介をする」「物を買う」「食べ物を注文する」など生活に必要な基礎的な言語能力を駆使して、「自分自身」「家族」「趣味」「天気」など、非常にプライベートで身近な話題に関連した内容を理解して表現することができる。 - 約800語程度の基礎的な語彙と基本文法に対する理解を土台に簡単な文章を作成することができる。 - 簡単な生活文と実用文を理解し、構成できる。
	2級	- 「電話する」「お願いする」などの日常生活に必要な言語能力と「郵便局」「銀行」などの公共施設の利用に必要な言語能力を駆使することができる。 - 約1,500～2,000語程度の語彙を用いて、私的で身近な話題に関して、段落単位で理解し使用することができる。 - 公式的な状況と非公式的な状況での言語を区別して使用することができる。
TOPIK Ⅱ	3級	- 日常生活を営むのにあまり困難を感じず、様々な公共施設の利用や社会的関係の維持に必要な基礎的な言語能力を駆使することができる。 - 身近で具体的なテーマはもちろん、自分になじみのある社会的なテーマを段落単位で表現したり理解したりすることができる。 - 文語と口語の基本的な特性を区別して理解し、使用することができる。
	4級	- 公共施設の利用や社会的関係の維持に必要な言語能力を駆使することができ、一般的な業務の遂行に必要な能力をある程度使用することができる。 - 「ニュース」「新聞記事」の中で平易な内容が理解できる。一般的な社会的・抽象的テーマを比較的正確で流暢に理解し、使用することができる。 - よく使われる慣用的な表現や代表的な韓国文化に対する理解を土台に社会・文化的な内容を理解して使用することができる。
	5級	- 専門分野での研究や業務の遂行に必要な言語能力をある程度使用することができる。 - 「政治」「経済」「社会」「文化」全般にわたって、なじみのないテーマに関しても理解して使用することができる。 - 公式的、非公式的な脈絡と口語的、文語的な脈絡によって言語を適切に区別して使用することができる。
	6級	- 専門分野での研究や業務の遂行に必要な言語能力を比較的正確かつ流暢に使用することができる。 - 「政治」「経済」「社会」「文化」全般にわたって、なじみのないテーマに関しても不便なく使用することができる。 - ネイティブスピーカーの水準には達していないが、業務の遂行や自己表現に困難がないレベルで話すことができる。

11. TOPIKを受験するなら

日本でTOPIKを受験する場合は、主管する公益財団法人韓国教育財団の韓国語能力試験日本公式サイトから申し込みをすることができます。評価基準や試験日程・会場、申し込み方法、試験当日の注意事項について案内されているので、詳しくは下記サイトをご確認ください。

韓国語能力試験日本公式サイト
https://www.kref.or.jp/examination

PART 1
過去問パターン分析

듣기 リスニング

읽기 リーディング

듣기 リスニング

過去問
パターン分析

問題パターン

01 質問に対する適切な答えを選ぶ

Track 01

読み上げられた質問に対する適切な答えを選んでください。問 1 と問 2 では、返事は「네 (はい)」または「아니요 (いいえ)」で始まり、その後に文が続いています。Yes/No の返事と相性の良い文を選びましょう。問 3 と問 4 は時制、疑問詞、数字に関係するので、特に「언제 (いつ)、어디 (どこで)」などのキーワードをよく聞いておくとよいでしょう。「누구 (誰が)、왜 (なぜ)、어때요 (どうですか)、뭐 / 무슨 (何を)、어떤 (どんな)、얼마나 (どれくらい)、몇 (いくつ)」などです。

1~4 다음을 듣고 〈보기〉와 같이 물음에 맞는 대답을 고르십시오.

보기

가: 공부를 해요?

나: ______________

❶ 네, 공부를 해요.　② 아니요, 공부예요.

③ 네, 공부가 아니에요.　④ 아니요, 공부를 좋아해요.

語彙と表現

모자 帽子
언제 いつ
사다 買う
동생 弟, 妹
주말 週末
백화점 百貨店

3 남자: 모자를 언제 샀어요?　3点 [第52回]

여자: ______________

① 모자를 샀어요.　② 동생이 샀어요.

❸ 주말에 샀어요.　④ 백화점에서 샀어요.

解説

「언제 (いつ)」は、時間、日、日付などを尋ねるときに使う疑問詞です。したがって、③「주말에 샀어요. (先週末に買いました)」が正しい答えです。その他の選択肢を見ると、①は「何を買いましたか？」、②は「誰がその帽子を買ったのですか？」、④は「どこでその帽子を買いましたか？」に対する答えです。

問題パターン

02 相手の言葉に対する最適な返答を選ぶ

Track 02

このタイプの問題は、相手の話を聞いた上で最適な返答を選択することが求められます。日常会話が用いられるので、日常的に使われる慣用表現に慣れておくとよいでしょう。例えば、「생일 축하해요.（お誕生日おめでとうございます）」という가のあいさつに対して、나は「감사합니다.（ありがとうございます）」と答えます。

5~6　다음을 듣고 <보기>와 같이 이어지는 말을 고르십시오.

보기

가: 늦어서 미안해요.

나: ＿＿＿＿＿＿＿＿

① 고마워요.　❷ 아니에요.

③ 죄송해요.　④ 부탁해요.

5 여자: 안녕히 가세요.　3点　[第52回]

남자: ＿＿＿＿＿＿＿＿

① 반갑습니다.　② 실례합니다.

❸ 안녕히 계세요.　④ 여기 앉으세요.

語彙と表現

안녕히 가세요. さようなら。(去る人に)

반갑습니다. お会いできてうれしいです。

실례합니다. 失礼します。

안녕히 계세요. さようなら。(残る人に)

여기 ここ

앉으세요. お座りください。

解説

「안녕히 가세요.」は、その場に残る人が去る人に言う別れのあいさつです。去る人は「안녕히 계세요.」と返事をします。①は、初対面の人に使うあいさつです。

問題パターン
03 会話が行われている場所を選ぶ

Track 03

会話を聞いて、それがどこで行われているかを選択する問題です。場所を特定する手がかりとなる単語が会話の中で提示されます。特定の場所に特徴的な単語や表現を覚えておくとよいでしょう。例えば、「의사 (医師)」、「간호사 (看護師)」、「아파요 (痛いです)」は病院で使われる言葉です。

7~10 여기는 어디입니까? 〈보기〉와 같이 알맞은 것을 고르십시오.

보기

가: 어서 오세요.

나: 여기 수박 있어요?

① 학교 ② 약국

❸ 시장 ④ 서점

語彙と表現

통장 通帳
만들다 作る
시장 市場
기차역 (電車の) 駅
운동장 運動場

8 여자: 어떻게 오셨어요? 3点 [第47回]

남자: 통장을 만들고 싶어서요.

① 시장 ❷ 은행

③ 기차역 ④ 운동장

解説

通帳を作る (銀行口座を開設する) 場所は、銀行です。したがって、この会話は銀行で行われていることになります。「어떻게 오셨어요? (どんなご用ですか?)」は、訪問の目的を尋ねるときに使う表現です。したがって、この女性は銀行の窓口で、男性は顧客であることがわかります。

問題パターン

04 会話の話題を選ぶ

Track 04

この問題は、男女の会話を聞いて、2 人が何について話しているのかを最もよく表す単語を選択します。単語をよく聞いて、最も包括的な話題を選ぶ必要があります。例えば「날씨 (天気)」という話題には、「비 (雨)」や「바람 (風)」という単語が含まれています。

11~14 다음은 무엇에 대해 말하고 있습니까? 〈보기〉와 같이 알맞은 것을 고르십시오.

보기

가: 이 아파트에 살아요?

나: 네, 5층에 살아요.

❶ 집　② 역

③ 주소　④ 달력

語彙と表現

고향 故郷
겨울 冬
여름 夏
요일 曜日
나라 国
여행 旅行
계절 (봄, 여름, 가을, 겨울) 季節(春、夏、秋、冬)

13 남자: 마리 씨 고향은 지금 겨울이에요?　3点　[第52回]

여자: 아니요. 여름이에요.

① 요일　② 나라

③ 여행　❹ 계절

解説

男性と女性が挙げた「겨울 (冬)」、「여름 (夏)」を含む話題は④「계절 (季節)」です。

問題パターン

05 会話を聞いて、状況に合った絵を選ぶ

Track 05

与えられた４つの選択肢の中から、会話の状況を最も適切に描いた絵を選ぶ問題です。絵の中にある動作や状態を表す表現を聞き取る必要があります。会話が流れる前に、選択肢の絵に目を通しておくとよいでしょう。

15~16 다음 대화를 듣고 알맞은 그림을 고르십시오. 各4点

16

[第52回]

여자: 비가 오네요. 우산이 없는데…….
남자: 그래요? 저하고 같이 써요.

語彙と表現

비가 오다 雨が降る
우산 傘
같이 一緒に
우산을 쓰다 傘をさす

①

②

❸

④

解説

女性が「傘を持っていない」と言い、男性が「같이 써요.（一緒に使いましょう）」と言ったことから、男性が傘をさそうとしている様子を表す③が正解となります。①と④は女性が傘を持っており、②は男性が傘を持っていないので、不正解です。

問題パターン

06 短い会話の内容に合った文を選ぶ

Track 06

このタイプの問題は、短い会話の内容に一致する文を選ぶ必要があります。音声が流れ始めたら、重要と思われるキーワードをメモしておくとよいでしょう。また、会話を最後までしっかり聞くことが大切です。

17~21 다음을 듣고 〈보기〉와 같이 대화 내용과 같은 것을 고르십시오. 各3点

보기

남자: 요즘 한국어를 공부해요?
여자: 네. 한국 친구한테서 한국어를 배워요.

① 남자는 학생입니다.
② 여자는 학교에 다닙니다.
③ 남자는 한국어를 가르칩니다.
❹ 여자는 한국어를 공부합니다.

語彙と表現

열이 나다 熱が出る
일찍 早い
과장 課長
N 을/를 끝내다 Nを終える

19 남자: 미영 씨, 왜 그래요? 어디 안 좋아요? [第52回]
여자: 아침부터 머리가 너무 아파요. 지금은 열도 나고요.
남자: 그럼 일찍 가서 좀 쉬는 게 어때요?
여자: 감사합니다, 과장님. 이 일만 끝내고 가겠습니다.

① 남자는 쉬고 싶어 합니다. ② 여자는 일을 다 끝냈습니다.
③ 남자는 집에 가려고 합니다. ❹ 여자는 몸이 좋지 않습니다.

解説

女性は「머리가 아파요. (頭が痛いです)」、「열도 나고요. (熱もあります)」と言っているので、体調を崩していると推察されます。よって、正解は④です。男性は彼女に早く帰って休むように話しているので、①は不正解。女性は「この仕事だけ終えたら帰ります」と言ったので、②も不正解です。

問題パターン
07 会話を聞いて主旨を選ぶ

Track 07

男女２人の会話を聞いて、女性または男性が一番言いたいことは何かを選択する問題です。発言の中にあるキーワードや重要な表現を聞き取り、把握する必要があります。会話の中で使われている語彙や表現が選択肢にも出てくるので、混乱することもあるかもしれませんが、会話全体の内容を要約するような主旨を選ぶとよいでしょう。

22~24 다음을 듣고 여자의 중심 생각을 고르십시오. 各3点

22

[第52回]

남자: 아침밥을 못 먹고 와서 배가 고프네요.

여자: 이제 곧 수업 시작하는데……. 그럼 이 우유 마실래요?

남자: 고마워요. 저는 늦게 일어나서 아침을 못 먹을 때가 많아요.

여자: 아침밥을 먹는 게 건강에 좋아요. 그리고 공부도 잘할 수 있고요.

語彙と表現

아침밥 朝食
배가 고프다 お腹が空いた
곧 もうすぐ
수업 授業
늦게 遅れて
일어나다 起きる
건강 健康
공부를 잘하다 よく勉強する

❶ 아침밥을 먹는 게 좋습니다.
② 아침에 일찍 일어나야 합니다.
③ 아침에 우유를 마시면 좋습니다.
④ 아침밥은 집에서 먹어야 합니다.

解説

女性は朝食をとっていない男性に牛乳を飲むように勧め、なぜ朝食をとるべきかについて２つの理由（健康にいい・勉強がはかどる）を述べています。したがって、①が女性の主旨です。

24

[第52回]

남자: 인터넷으로 구두를 샀는데 좀 크네요. 바꾸는 게 좋겠지요?

여자: 네. 저도 그런 적이 있어서 인터넷으로 신발을 잘 안 사요.

남자: 인터넷으로 신발을 사면 가게에 안 가서 편한데…….

여자: 하지만 이렇게 물건을 바꿔야 할 때는 다시 보내고 받아야 해서 시간이 걸리잖아요.

① 신발은 좀 크게 신는 게 좋습니다.

② 신발이 안 맞을 때는 빨리 바꿔야 합니다.

③ 인터넷으로 신발을 사면 바꾸기 쉽습니다.

❹ 인터넷으로 신발을 사지 않는 게 좋습니다.

語彙と表現

구두 靴
바꾸다 交換する
가게 店
편하다 快適だ
하지만 しかし
보내다 送る
받다 受け取る
시간이 걸리다 時間がかかる

解説

女性は、インターネットで靴を買わない理由 (商品の交換に時間がかかる) を説明しています。したがって、④が女性の主旨です。

問題パターン

08 長い音声を聞き、2つの設問に答える

Track 08

長めの音声を聞いた後に、2つの設問に答える必要があります。問 25 ～ 26 は、アナウンス、説明、広告などの放送音声に関する問題です。問 27 ～ 30 は、男女 2 人による長めの会話を聞き取る最も難しいリスニング問題なので、会話全体をよく聞いておく必要があります。考えられる質問は、「聞いた内容に一致する文を選ぶ」、「話題（あいさつ、説明、注文、好意、招待、発表、感謝、申請など）を選ぶ」、「主題を選ぶ」、「意図、理由、目的を選ぶ」などです。

25~30 다음을 듣고 물음에 답하십시오.

여자: 선생님, 안녕하세요? 요즘 저희 아이가 책을 잘 안 읽어요. 그래서 걱정이 돼서 왔어요.

남자: 네. 여기 앉으세요. (잠시 쉬고) 음……. 아이가 책 읽는 걸 싫어하면 만화책부터 보여 주는 건 어떨까요?

여자: 만화책요? 그러면 아이가 만화책만 좋아하지 않을까요?

남자: 아니에요. 만화책이 책을 읽는 데 도움이 돼요. 만화책에서 본 내용이 재미있으면 다른 책도 찾아서 읽게 되니까요.

여자: 아, 그러면 책 읽는 습관을 기를 수 있어서 좋을 것 같네요.

남자: 네. 또 어려운 내용을 쉽게 이해할 수 있어서 공부에 도움도 돼요. 그래서 요즘 아이들은 만화책을 많이 읽어요.

語彙と表現

저희 私たち（謙譲語）
걱정이 되다 心配になる
만화책 漫画本
보여 주다 見せる
도움이 되다 役に立つ
내용 内容
습관을 기르다 習慣をつける
이해하다 理解する
요즘 最近
찾아오다 訪問する

29 여자는 왜 남자를 찾아왔는지 맞는 것을 고르십시오. 3点 [第41回]

① 만화책을 읽고 싶어서

② 아이가 공부를 잘 못해서

❸ 아이가 책 읽기를 싫어해서

④ 만화책의 좋은 점을 알고 싶어서

30 들은 내용과 같은 것을 고르십시오. 3点 [第41回]

① 요즘 아이들은 만화책을 읽지 않습니다.

② 만화책으로는 어려운 내용을 이해하기 힘듭니다.

③ 책 내용이 재미있으면 만화책을 찾아서 읽습니다.

❹ 만화책을 읽으면 책 읽는 습관을 기를 수 있습니다.

解 説

29「子どもが本をあまり読みません。だから心配になって来ました」という女性の言葉から、女性の子どもは本を読むのが嫌いなのだろうと推測できます。よって、正解は③です。

30 男性が「漫画で読んだ内容が面白いと思えば、他の本を探して読むようになる」と言ったことに対して、女性は「読書習慣を身につけるには良さそう」と言っています。よって、正解は④です。

읽기 リーディング

過去問
パターン分析

問題パターン
01 2つの文に共通する主題を選ぶ

与えられた２つの文に共通する主題を選択します。話題に関する語や与えられた語彙に関連する他の単語を見つけ、その文が何について話しているかを選びましょう。

31~33 무엇에 대한 이야기입니까? 〈보기〉와 같이 알맞은 것을 고르십시오. 各2点

보기

사과가 있습니다. 그리고 배도 있습니다.

① 요일　　② 공부
❸ 과일　　④ 생일

31 형은 스물한 살입니다. 누나는 스물세 살입니다. [第52回]

❶ 나이　　② 날짜
③ 이름　　④ 시간

語彙と表現

형 兄(男性から見た)
누나 姉(男性から見た)
스물 20
살 年齢, 年
날짜 日付
이름 名前
시간 時間

解説

「살(歳)」は年齢を数える単位です。この文章は、語り手の兄と姉の年齢(나이)について述べています。

問題パターン

02 空欄に適切な単語を選ぶ

このタイプの問題は、与えられた文の意味を理解し、適切な語彙や文法構造を選んで空欄を埋めることが必要です。名詞、動詞、形容詞、副詞、格助詞に関する問題が出題されます。

34~39 〈보기〉와 같이 (   )에 들어갈 가장 알맞은 것을 고르십시오.

보기

날씨가 좋습니다. (   )이 맑습니다.

① 눈　　② 밤

❸ 하늘　　④ 구름

38 길을 모릅니다. 사람들에게 (   ).　**2点** [第52回]

① 줍니다　　② 팝니다

③ 노래합니다　　❹ 물어봅니다

語彙と表現

길 道
모르다 知らない
(사람)에게 (人)に
주다 与える, あげる
팔다 売る
노래하다 歌う
물어보다 尋ねる

解説

「물어보다」は、誰かに何かを「尋ねる」という意味です。語り手は道がわからないので、「물어보다」が最も適切な答えとなります。

問題パターン

03 広告や案内の内容に合わない文を選ぶ

日常生活に関連したテキストメッセージ、ポスター、掲示物、図表、招待状、広告などを読み、内容に一致しない文を選ぶ問題です。凝縮された情報をそれぞれの選択肢と照らし合わせながら、答えを見つけましょう。日付、場所、曜日、期間、時間、価格、入場料など、文章中によく出てくる具体的な言葉や、数字、※などの特殊記号には特に注意が必要です。

40~42 다음을 읽고 맞지 않는 것을 고르십시오. 各3点

40 [第47回]

우리병원 진료 안내

- 월요일~금요일 09:00~19:00
- 토요일 10:00~16:00

〈점심시간 12:30~14:00〉

※일요일은 쉽니다.

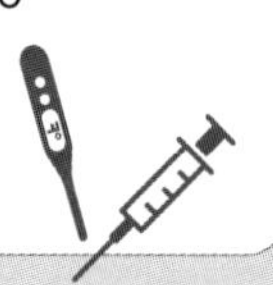

① 일요일에 문을 안 엽니다.

② 토요일은 네 시에 끝납니다.

③ 점심시간은 두 시까지입니다.

❹ 수요일은 열 시에 시작합니다.

語彙と表現

병원 病院
진료 治療
안내 案内
점심시간 昼食時間
쉬다 休む
문을 열다 開ける
끝나다 閉まる
(시간)까지 (時間)まで
시작하다 始める

解説

この案内から、病院は月曜日から金曜日まで午前９時に開院することがわかります。よって、④は誤りです。注意書き(※)には、日曜日は休診と書かれています。よって、①はお知らせと一致します。

問題パターン
04 短い文章に合った文を選ぶ

3つの文からなる短い文章を読んで、その内容と一致する文を選択する問題です。文章には日常的な内容が書かれているので、内容を把握した上で、各選択肢と照らし合わせて答えを導き出すとよいでしょう。

43~45 다음의 내용과 같은 것을 고르십시오.

43

3点 [第41回]

저는 한국 사람이지만 영국에서 살고 있습니다. 그래서 한국어와 영어를 모두 잘합니다. 지금은 일본어를 배우고 있습니다.

語彙と表現

살다 住む
영국 / 영어 イギリス／英語
모두 すべて
일본 / 일본어 日本／日本語

❶ 저는 일본어를 공부합니다.
② 저는 한국어를 잘 못합니다.
③ 저는 지금 한국에 있습니다.
④ 저는 영어를 배우고 싶습니다.

解説

語り手は「일본어를 배우고 있다（日本語を習っている）」と言っています。したがって、正解は①です。

②私は韓国語は~~苦手です~~。→ 韓国語は得意です。
③私は今~~韓国にいます~~。→ 私はイギリスに住んでいます。
④私は~~英語を勉強したいです~~。→ 私は英語が得意です。

・배우다（習う）≒ 공부하다（勉強する）
・「N 을/를 잘하다」は「N が得意だ」ということを意味します。
　Ex 운동을 잘합니다.（運動が得意です）
・「V- 고 있다」は「～している」という進行中の動作を表します。
　Ex 지금 비가 오고 있습니다.（今雨が降っています）

問題パターン

05 文章の主旨を選ぶ

文章を読み、語り手が一番言いたいことは何かを選ぶ問題です。もし、文章の内容と一致する選択肢が 2 つ以上ある場合は、文章全体の内容をカバーする考えを選ぶ必要があります。

46~48 다음을 읽고 중심 생각을 고르십시오.

47 3点 [第52回]

아버지의 가방은 오래되었습니다. 저는 아버지의 가방을 바꿔 드리고 싶습니다. 그래서 요즘 아르바이트를 하고 있습니다.

① 저는 아버지의 가방이 좋습니다.

② 저는 아르바이트를 찾으려고 합니다.

❸ 저는 아버지께 가방을 사 드리려고 합니다.

④ 저는 가방 만드는 회사에서 일하고 싶습니다.

語彙と表現

아버지 父
가방 カバン
오래되다 古くなる
바꾸다 変える
그래서 したがって，だから
요즘 最近
아르바이트 アルバイト

解説

語り手はアルバイトをする理由(お父さんにカバンを買ってあげたい)を説明しているので、③が目的を明らかにする主旨となります。

問題パターン

06 長文を読み、2つの設問に答える

このタイプの問題は、1つの長文を読んでから2種類の設問に答えます。全部で4つの文章が登場し、それぞれ「文章の空欄に合った答えを選びなさい」という共通の問題が出題されます。その他は「文章の内容に一致する文を探す」問題と「文章の主題を選ぶ」問題が出題されます。空欄に合った答えを選ぶ問題は、文章全体の意味を把握した上で、それぞれの答えの選択肢で文章を完成させるようにしましょう。空欄の前や後の文章をよく読めば答えがわかります。

49~56 다음을 읽고 물음에 답하십시오.

우리 집 고양이 이름은 미미입니다. 6개월 전에 제가 퇴근해서 집에 돌아올 때 길에서 만났습니다. 그때 미미는 다리를 다쳐서 힘들어 보였습니다. 그리고 배도 고픈 것 같았습니다. 저는 미미를 집으로 데려와서 밥을 주고 약도 발라 주었습니다. 처음에 미미는 저한테 가까이 오지 않았습니다. 하지만 이제는 (㉠)

語彙と表現

퇴근하다 退勤する
돌아오다 帰ってくる
다치다 怪我をする
데리고 오다 / 데려오다 持ってくる
바르다 塗る
가까이 近くに
생기다 入手する
도와주다 手伝う
친하다 親しい

55 ㉠에 들어갈 알맞은 말을 고르십시오. **2点** [第47回]

① 밥을 잘 먹습니다.

② 새 이름이 생겼습니다.

③ 집으로 돌아갔습니다.

❹ 저와 있는 것을 좋아합니다.

解説

空欄の前の文章をよく読む必要があります。矛盾する2つの文をつなぐ接続副詞「하지만(しかし)」は(㉠)を含む文から始まるので、「처음에 미미는 저한테 가까이 오지 않았습니다.(最初、ミミは私に近づこうとしなかった)」とは逆の意味を持つ選択肢を探せばよいのです。よって、正解は④です。

56 이 글의 내용과 같은 것을 고르십시오. **3点** [第47回]

❶ 저는 다친 고양이를 도와주었습니다.

② 저는 여섯 달 전에 고양이를 샀습니다.

③ 저는 길에서 고양이를 잃어버렸습니다.

④ 저는 처음부터 고양이와 친하게 지냈습니다.

解 説

この文章から、語り手は猫にえさを与え、軟膏を塗ることで猫を助けたことがわかります。
②私は 6 か月前に猫~~を買いました~~。→ 6 か月前に猫に会いました。
③私は路上で猫~~を失いました~~。→ 路上で猫と出会いました。
④私はその猫とは~~最初から~~仲良くしていました。→ 最初、猫は私に近寄ろうとしませんでした。

問題パターン

07 文を順番に並べ替える

与えられた 4 つの文を適切な順番に並べるタイプの問題です。文と文の関係を把握することが大切です。最初の文の選択肢をもとに、2 番目の文を探すとよいでしょう。「그래서 (したがって)、왜냐하면 (なぜなら)、그리고 (そして)」などの接続副詞や、「이 (この)、그 (その)、그때 (そのとき)」など前の文に言及するときに使う表現をもとに、文の順番を見つけましょう。

57~58 다음을 순서대로 맞게 나열한 것을 고르십시오.

58 3点 [第52回]

(가) 그렇지만 물 위에 있으면 오래된 달걀입니다.

(나) 소금물이 있는 그릇에 달걀을 넣어 보면 됩니다.

(다) 오래된 달걀과 신선한 달걀을 알 수 있는 방법이 있습니다.

(라) 소금물에 넣었을 때 달걀이 그릇 바닥에 있으면 신선한 것입니다.

語彙と表現

그렇지만 そうだが, しかし
넣다 入れる
소금 塩
달걀 (계란) 卵
물 水
방법 方法
그릇 お碗
바닥 底
신선하다 新鮮だ

① (나) - (라) - (다) - (가)

② (나) - (다) - (가) - (라)

③ (다) - (가) - (나) - (라)

❹ (다) - (나) - (라) - (가)

解説

選択肢①と②は (나) で始まり、選択肢③と④は (다) で始まります。(다) では、古くなった卵と新鮮な卵を区別する方法があると語り手が言っています。(나) では、語り手が見分け方を説明しています。したがって、(나) は (다) の後に来るはずです。(라) では、塩水に卵を入れるとどうなるかを説明しています。したがって、(라) は (나) の後に来るべきで、この中で語り手は、古くなった卵と新鮮な卵を区別するために卵を塩水に入れるべきだと言っています。(가) の「그렇지만 (しかし)」は接続副詞で、前後の内容が矛盾するときに使われます。(라) の新鮮な卵と (가) の古くなった卵は逆の意味を持つので、(라) の後に (가) が来るはずです。よって、正解は④となります。

問題パターン

08 長文を読み、2つの設問に答える

提示された長文を読み、2つの連続した設問に答えることが要求されます。通常、このセクションで出題されるのは、「글의 내용과 같은 것 고르기（文章の内容に一致する文を選ぶ）」と、次のうちの1つです。「문장 삽입하기（与えられた文を挿入する最適な場所を探す）」、「문장에 알맞은 말 고르기（文章に適した単語を選ぶ）」、「글의 목적 찾기（文章の目的を探す）」、「내용을 바탕으로 유추하기（内容に基づいて推論を行う）」などです。文章は長くて高難度なので、1問にあまり時間をかけないようにして、適切な時間配分を心がけましょう。

59~70 다음을 읽고 물음에 답하십시오. 各3点

인주시장은 오래된 시장입니다. 그런데 요즘 사람들은 오래된 시장을 별로 좋아하지 않아서 찾는 사람이 적어졌습니다. 시장을 새롭게 바꾸기 위해서 가게 주인들은 시장에 재미있는 그림을 전시하고 가게의 이름도 예쁘게 써서 걸었습니다. 또 이 시장에서만 볼 수 있는 다양한 물건들도 팔기 시작했습니다. 시장이 바뀐 후부터 사람들이 다시 (㉠).

語彙と表現

별로 あまり，それほど
찾다 見つける
적다 少ない
새롭게 新しく
바꾸다 変える
가게 店
주인 主人
그림 絵
전시하다 展示する
걸다 吊るす
다양하다 様々な
다시 再び

67 ㉠에 들어갈 알맞은 말을 고르십시오. [第52回]

① 그림을 배우고 있습니다
❷ 이곳을 찾아오고 있습니다
③ 물건을 전시하고 있습니다
④ 글씨를 예쁘게 쓰고 있습니다

解説

67 この文章は、訪れる人が少なくなったインジュ市場を変えようとする店主の努力から始まり、㉠は「다시（再び）」という副詞を使って変化後のインジュ市場について触れています。よって、正解は②となります。

68 이 글의 내용과 같은 것을 고르십시오. [第52回]

① 인주시장은 최근에 새로 생겼습니다.

❷ 인주시장에서만 살 수 있는 물건이 있습니다.

③ 인주시장에 오는 사람들이 그림을 전시했습니다.

④ 가게 주인들은 시장에 오는 사람들에게 이름을 써 줍니다.

解説

68「이 시장에서만 볼 수 있는 다양한 물건들도 팔기 시작했다（この市場でしか見られない様々なものも売るようになった）」という語り手の言葉から、正解は②です。

①インジュ市場は~~最近新しくできました~~。→ 古い市場です。

③~~インジュ市場に来る人たち~~が絵を展示しました。→ 店主たちが絵を展示しました。

④店主たちはインジュ市場~~を訪れる人たちに名前を書いてあげます~~。→ 店主たちは店の名前を書いて吊るしました。

Complete Guide to the
TOPIK

PART 2
パターン別練習問題

듣기 リスニング

읽기 リーディング

問題パターン

01 質問に対する適切な答えを選ぶ

Track 09

01~04 다음을 듣고 〈보기〉와 같이 물음에 맞는 대답을 고르십시오.

보기

가: 공책이에요?

나: ____________________

❶ 네, 공책이에요.　② 네, 공책이 없어요.

③ 아니요, 공책이 싸요.　④ 아니요, 공책이 커요.

1 4点

① 네, 교과서예요.　② 아니요, 교과서가 있어요.

③ 네, 교과서가 좋아요.　④ 아니요, 교과서가 없어요.

解説

1「있어요?/ 없어요?(ありますか?／ありませんか?)」は、何かの存在の有無を問います。男性は女性に教科書があるかどうかを聞いています。もし肯定するなら、女性は「네, 있어요.(はい、あります)」と答えなければなりません。否定する場合は、「아니요, 없어요. (いいえ、ありません)」と答えます。

★韓国語では、質問と答えが一致している場合は、「네.(はい)」と答えます。そうでない場合は、「아니요.(いいえ)」と答えます。例えば、「동생이 있어요?(弟・妹がいますか?)」という質問には、「네, 있어요.(はい、います)」もしくは「아니요, 없어요.(いいえ、いません)」と答えます。ただし、「동생이 없어요?(弟・妹がいませんか?)」という質問には、「네, 없어요.(はい、いません)」または「아니요, 있어요.(いいえ、います)」と答えます。

2 4点

① 한 개 샀어요.
② 주말에 샀어요.
③ 시장에서 샀어요.
④ 백화점에서 사겠어요.

3 3点

① 귤이 달아요.
② 오백 원이에요.
③ 귤을 좋아해요.
④ 귤을 한 개 주세요.

4 3点

① 일곱 시요.
② 4층에 있어요.
③ 아홉 시에 끝나요.
④ 두 시간이 걸려요.

語彙と表現

시작하다 始める
끝나다 終わる
(시간)이/가 걸리다
(時間)がかかる
★ 時間の長さを表します。
Ex 30분이 걸려요.
30分かかります。

解説

2「어디(どこ)」は、場所について尋ねるときに使う疑問詞です。「샀어요?(〔何か〕買いましたか?)」は、過去の事実について尋ねる質問です。

3「얼마(いくら)」は、値段を聞くときに使う疑問詞です。「원(ウォン)」は、韓国で使われている通貨です。

4「몇 시(何時)」は、時間を尋ねるときに使う疑問詞です。選択肢には7時、9時などがありますが、この男性は映画の開始時間を聞いています。

問題パターン

02 相手の言葉に対する最適な返答を選ぶ

Track 10

05~06 다음을 듣고 〈보기〉와 같이 이어지는 말을 고르십시오.

보기

가: 안녕히 계세요.

나: ____________

① 들어오세요. ② 어서 오세요.

③ 안녕히 계세요. ❹ 안녕히 가세요.

語彙と表現

처음 初めて

뵙다 (目上の人に)お目にかかる

조심히 慎重に

반갑다 嬉しい

잘 지내다 元気でいる

계시다 いらっしゃる

누구세요? どちら様ですか？

여보세요? もしもし？(電話で使う)

5 4点

① 처음 뵙겠습니다. ② 조심히 가세요.

③ 만나서 반갑습니다. ④ 그동안 잘 지냈어요?

6 3点

① 네, 누구세요? ② 네, 여보세요?

④ 네, 알겠습니다. ③ 네, 감사합니다.

解説

5 相手が「오랜만이에요.(お久しぶりです)」と言ったら、「오랜만이에요.(お久しぶりです)」や「그동안 잘 지냈어요?(お元気でしたか？)」と返します。

6「계시다」は「있다(いる)」の尊敬語です。가はイ・イェジンさんがいるかどうかを聞いています。なので、나は「네(はい)」と答えて、誰(누구)かを確認してからドアを開けるべきです。

問題パターン
03 会話が行われている場所を選ぶ

Track 11

07~10 여기는 어디입니까? 〈보기〉와 같이 알맞은 것을 고르십시오.

보기

가: 내일까지 숙제를 꼭 내세요.

나: 네, 선생님.

① 빵집　② 호텔

❸ 교실　④ 병원

7 3点

① 술집　② 식당　③ 은행　④서점

8 3点

① 가게　② 공항　③ 우체국　④ 여행사

9 3点

① 학교　② 공항　③ 도서관　④ 노래방

10 4点

① 회사　② 서점　③ 옷 가게　④ 문구점

語彙と表現

아주머니 おばさん
시키다 注文する
준비하다準備する
술집 居酒屋
은행 銀行
서점 書店
소포 小包
부치다 郵送する
공항 空港
우체국 郵便局
여행사 旅行代理店
노래를 부르다 歌を歌う
바꾸다 交換する

解説

7「된장찌개, 김치찌개 (テンジャンチゲ、キムチチゲ)」などの料理が注文できる場所を探しましょう。

8 小包を送れる場所を探してみてください。

9 男性が「가수 같아요.(歌手のようですね)」と言ったのは、男性が女性の歌を聞いた後に褒めた言葉です。女性が男性にも歌を歌ってほしいと頼んだので、カラオケで行われている会話だとわかります。

10「치마 (スカート)」を買ったり、試着したりする場所です。

問題パターン

04 会話の話題を選ぶ

Track 12

11~14 다음은 무엇에 대해 말하고 있습니까? 〈보기〉와 같이 알맞은 것을 고르십시오.

보기

가: 이 아파트에 살아요?

나: 네. 5층에 살아요.

❶ 집 ② 역
③ 주소 ④ 달력

語彙と表現

- 직업 職業
- 취미 趣味
- 계절 季節
- 봄 春
- 여름 夏
- 가을 秋
- 겨울 冬
- 기분 気分
- 흐리다 曇る
- 바람이 불다 風が吹く
- 교통 交通
- 졸업식 卒業式
- 계획 計画

11 3点

① 직업 ② 나이 ③ 주말 ④ 취미

12 3点

① 계절 ② 운동 ③ 기분 ④ 날씨

13 4点

① 시간 ② 교통 ③ 여행 ④ 날씨

14 3点

① 학교 ② 사진 ③ 계획 ④ 취미

解説

11 「살(歳)」は「年齢」を表す単位です。
12 男性は「여름(夏)」が、女性は「가을(秋)」が好きで、これらは「季節」です。
13 「비가 오다(雨が降る)」、「흐리다(曇る)」、「바람이 불다(風が吹く)」という言葉から、「天気」について話していることが推測されます。
14 動詞の「찍다(撮る)」と相性が良い言葉は、「写真」です。

問題パターン

05 会話を聞いて、状況に合った絵を選ぶ

Track 13

15~16 다음을 듣고 가장 알맞은 그림을 고르십시오. 各4点

15

①

②

③

④

語彙と表現

신다 (靴を)履く
벗다 (洋服や靴を)脱ぐ

解説

15 動きを表す動詞に注意深く耳を傾ける必要があります。 男性は靴を「신고 들어가도 (履いたまま入っても)」いいかどうか聞いているので、 男性が靴を履いたままでいる絵を探します。 女性が男性に何かを差し出して「이걸 신으세요. (これを履いてください)」と言っているので、 女性が何か履けるものを差し出している絵を選ぶとよいでしょう。

16

①

②

③

④

解説

16 男性が「잘 어울리시네요.（よく似合っていますね）」と言っていることから判断して、①と④が当てはまります。しかし、女性は「선물로 받았다（プレゼントでもらった）」と言っているので、①は答えになりません。

問題パターン

06 短い会話の内容に合った文を選ぶ

Track 14

17~21 다음을 듣고 〈보기〉와 같이 대화 내용과 같은 것을 고르십시오. 各3点

보기

가: 요즘 한국어를 공부해요?

나: 네. 한국 친구한테서 한국어를 배워요.

① 남자는 학생입니다. ② 여자는 학교에 다닙니다.

③ 남자는 한국어를 가르칩니다.

❹ 여자는 한국어를 공부합니다.

語彙と表現

구하다 探す
편하다 ↔ 불편하다 快適である ↔ 心地よくない
짓다 建てる
회 生魚
위험하다 危険だ
배탈이 나다 お腹が痛くなる
조심하다 注意する

17 ① 여자는 두 달 전에 이사했습니다.

② 지금 집이 회사와 가까워서 편합니다.

③ 새로 이사할 집은 지금 집보다 좁습니다.

④ 이 사람은 여동생과 같이 살고 있습니다.

18 ① 여자는 고기가 먹고 싶습니다.

② 저녁에 바다에 가면 위험합니다.

③ 여자는 회를 먹고 배탈이 났습니다.

④ 여름에는 회를 먹지 않는 것이 좋습니다.

解説

17 男性の「이사한 지 두 달 됐다 (2か月前に引っ越したばかりだ)」という発言から判断して、女性が2か月前に引っ越したことがわかります。

18 夏に生魚を食べるとお腹を壊しやすい、つまり夏には生魚を食べない方がいい、と女性は言っています。

19 ① 외국인 할인은 여권이 없어도 됩니다.
② 여자는 한복을 직접 본 적이 없습니다.
③ 두 사람은 한복 잡지를 보고 있습니다.
④ 여자는 한복 전시회에 간 적이 있습니다.

20 ① 여자는 노트북을 자주 들고 다닙니다.
② 남자의 노트북은 화면도 작고 무겁습니다.
③ 남자는 다음에 가벼운 노트북을 사려고 합니다.
④ 여자의 노트북은 가볍지만 화면이 크지 않습니다.

21 ① 공연은 30분에 시작합니다.
② 길이 막혔지만 늦지 않았습니다.
③ 남자는 식사 전에 표를 찾으려고 합니다.
④ 두 사람은 공연을 보고 저녁을 먹으려고 합니다.

語彙と表現

전시회 展示会
잡지 雑誌
가지고 가다 持っていく
화면 画面
가볍다 ↔ 무겁다 軽い ↔ 重い
길이 막히다 道が混む

解説

19 「-(으)면 좋겠다」は「……だといいのだが」という意味です。女性が「직접 보면 좋겠네요.(実際に〔韓服を〕見られたらいいですね)」と言っているので、その女性は韓服を見たことがないことがわかります。
20 「이런(このような)」は前に述べたことを示し、女性はノートパソコンが軽いと言っていました。
21 男性は「표를 찾아서(チケットを取って)」、「거기(そこ)」に行くと言っています。「거기」は、前の発言で女性が言っていたコンビニエンスストアを示しています。

問題パターン

07 会話を聞いて主旨を選ぶ

Track 15

22~24 다음을 듣고 여자의 중심 생각을 고르십시오. 各3点

22 ① 바나나를 먹고 운동도 해야 살이 빠집니다.
② 바나나를 먹으면 다이어트에 도움이 됩니다.
③ 음식을 골고루 먹고 운동을 해서 살을 빼야 합니다.
④ 다이어트 할 때 사람들과 같이 운동을 하는 게 좋습니다.

23 ① 금요일에는 집에 가서 쉬어야 합니다.
② 주말에는 회사에 가고 싶지 않습니다.
③ 집안일은 평일보다 주말에 하는 게 낫습니다.
④ 해야 할 일을 먼저 하고 주말에 쉬고 싶습니다.

24 ① 2년 동안 쉬고 싶습니다.
② 지금 공부를 시작하는 건 늦지 않습니다.
③ 늦었지만 대학원에 가면 좋은 점이 많습니다.
④ 대학원에서 다른 일에 대해서 공부하고 싶습니다.

語彙と表現

살을 빼다 痩せる
영양 栄養
부족하다 不足する
건강 健康
퇴근하다 退勤する
집안일 家事
대학원 大学院

解説

22 会話の中で、女性は一つの食べ物だけを食べることのデメリットと、いろいろなものを食べたり運動したりすることのメリットを指摘しています。
23 女性は「やることがあると週末に落ち着いて休めないから、疲れていても金曜日に家事をする」と言っています。
24 女性は「将来仕事に役立つし、いろいろな仕事ができるようになるから、大学院に行きたい」と言っています。

問題パターン
08 長い音声を聞き、2つの設問に答える

Track 16

25~26 다음을 듣고 물음에 답하십시오.

25 여자가 왜 이 이야기를 하고 있는지 고르십시오. 3点

① 비빔냉면을 먹으려고

② 비빔냉면을 주문하려고

③ 한국의 고추장을 사려고

④ 비빔냉면을 만드는 방법을 설명하려고

語彙と表現

물이 끓다 お湯を沸かす

익다 火が通る

완성되다 完成する

26 들은 내용과 같은 것을 고르십시오. 4点

① 면은 한 번에 넣는 것이 좋습니다.

② 얼음물에 면을 씻으면 더 맛있습니다.

③ 물이 끓기 전에 면을 먼저 넣어야 합니다.

④ 물이 끓을 때 얼음을 넣으면 면이 맛있어집니다.

解説

25 語り手は「비빔냉면 (ビビン冷麺)」の材料と入れる順番を話しているので、ビビン冷麺の作り方を説明しているとわかります。

26 「얼음물 (氷水)」はとても冷たく、語り手は「冷たい水は麺をより美味しくする」と言っています。

27~28 다음을 듣고 물음에 답하십시오.

27 두 사람이 무엇에 대해 이야기를 하고 있는지 고르십시오. 3点

① 백화점의 위치에 대해

② 물건값을 깎는 방법에 대해

③ 여자 친구의 생일 선물에 대해

④ 취직 축하 선물로 구두를 사는 것에 대해

語彙と表現

취직(하다) 就職(する)

신상품 新製品

할인(하다) 割引(する)

28 들은 내용과 같은 것을 고르십시오. 4点

① 여자 친구가 구두를 좋아합니다.

② 구두가 화장품보다 인기가 있습니다.

③ 남자는 생일 선물을 고르고 있습니다.

④ 오늘까지만 10% 싸게 살 수 있습니다.

解説

27 恋人の就職祝いにプレゼントを買いたいと言う男性に、女性が靴を紹介しています。

28 女性は、男性が 10%引きで、つまり安い価格で買えると言っています。

29~30 다음을 듣고 물음에 답하십시오.

29 여자가 이곳에 온 이유를 고르십시오. 3点

① 부산 관광 안내를 부탁하려고

② 여행에 같이 가자고 말하려고

③ 고속 기차표 예매를 부탁하려고

④ 여행 일정과 비용을 확인하려고

語彙と表現

연휴 連休
축제 祝祭
관광 도시 観光都市
비용 費用
숙박비 宿泊費
심심하다 退屈する
일정 日程

30 들은 내용과 같은 것을 고르십시오. 4点

① 여자는 부산에서 3일 동안 잡니다.

② 남자는 추석에 계획이 있었습니다.

③ 여자는 부산에 고속버스를 타고 갑니다.

④ 서울에서 부산까지 KTX로 3시간이 걸립니다.

解説

29 会話の冒頭で、女性が男性に「같이 가실래요?（一緒に〔旅行に〕行きませんか？）」と誘っているので、女性がここに来た理由は男性に旅行へ一緒に行こうと話すためです。
30 女性は「ソウルから釜山まで KTX で 3 時間しかかからない」と言っています。

읽기 リーディング

パターン別
練習問題

問題パターン

01 2つの文に共通する主題を選ぶ

31~33 무엇에 대한 내용입니까? 〈보기〉와 같이 알맞은 것을 고르십시오.
各2点

보기

아버지는 의사입니다. 어머니는 은행원입니다.

① 주말　❷ 부모　③ 병원　④ 오빠

31

소금은 짭니다. 김치는 맵습니다.

① 맛　② 음식　③ 요리　④ 채소

32

나는 서울에서 자랐습니다. 친구는 부산에서 자랐습니다.

① 나라　② 가족　③ 고향　④ 친구

33

저는 버스를 타고 출근합니다. 제 동료는 지하철로 회사에 갑니다.

① 장소　② 교통　③ 여행　④ 휴가

語彙と表現

소금 塩
김치 キムチ
자라다 育てる
고향 故郷
동료 同僚
교통수단: 버스, 지하철, 택시, 기차, 비행기, KTX, 배
交通手段：バス, 地下鉄, タクシー, 電車, 飛行機, KTX (韓国高速鉄道), 船

解 説

31 このタイプの問題は、「짜다 (塩辛い)」と「맵다 (辛い)」を包括する単語を選ぶ必要があります。この 2 つの単語は「味」を表しています。
★味を表す言葉:짜다 (塩辛い), 맵다 (辛い), 쓰다 (苦い), 달다 (甘い), 시다 (酸っぱい), 싱겁다 (淡白だ) など

32 文中、語り手は「서울 (ソウル)」で、友人は「부산 (釜山)」で育ったとあるので、彼らが「生まれ育った場所」を示す単語を選ぶとよいでしょう。

33 この文は「버스 (バス)」や「지하철 (地下鉄)」で通勤しているという内容なので、「交通手段」を指す単語を選ぶ必要があります。

問題パターン

02 空欄に適切な単語を選ぶ

34~39 〈보기〉와 같이 (　　)에 들어갈 말로 가장 알맞은 것을 고르십시오.

보기

저는 (　　　)에 갔습니다. 책을 샀습니다.

① 극장　　❷ 서점
③ 공원　　④ 세탁소

語彙と表現

눈 目，視力
나쁘다 悪い
우산을 쓰다 傘をさす
사전 辞書
모자를 쓰다 帽子をかぶる
안경 眼鏡
밖 外
시끄럽다 騒ぐ
끄다 消す，電源を切る
열다 ↔ 닫다 開ける ↔ 閉める

34 2点

눈이 나쁩니다. (　　　)을 씁니다.

① 우산　② 사전　③ 모자　④ 안경

35 2点

밖이 시끄럽습니다. 그래서 창문을 (　　　).

① 껐습니다　　② 열었습니다
③ 청소합니다　④ 닫았습니다

解説

34 語り手が「目が悪い」と言っているので、「눈이 나쁠 때 (目が悪いとき)」に必要なものを選ぶとよいでしょう。

35 「그래서 (だから)」は、先行する内容が後に続く内容の原因、根拠、条件となる場合に用いられます。語り手は「外が騒がしいから、それに応じて取るべき行動」を言っています。

36 2点

친구한테서 선물을 받았습니다. 선물이 마음에 (　　).

① 듭니다　② 기쁩니다
③ 좋습니다　④ 예쁩니다

語彙と表現

매우 とても
밝다 明るい
높다 高い
넓다 広い
바로 すぐに

37 3点

결혼식에 손님이 많이 왔습니다. 400명(　　) 왔습니다.

① 만　② 도　③ 이나　④ 밖에

38 3点

집에 큰 창문이 많습니다. 집이 매우 (　　).

① 밝습니다　② 높습니다
③ 넓습니다　④ 깨끗합니다

39 2点

저는 식사 후에 바로 이를 (　　). 그래서 이가 건강합니다.

① 씁니다　② 닦습니다
③ 씻습니다　④ 먹습니다

解説

36 選択肢の中で「마음에」と一緒に使えるのは「듭니다」だけです。「마음에 듭니다.(気に入っています)」
37 語り手は「많이(たくさん)」客が来たと言っているので、「400 명(400 名)」の直後に多数を強調する助詞が入ります。
38 大きな窓がたくさんあれば、光はたくさん入ってきます。
39 語り手は、ある行為をすることで健康になったと言っているので、歯を「きれいにする」行為を表す動詞を選ぶとよいでしょう。
・씻다 洗う(＝完全に水につけてきれいにする) Ex 손을 씻다(手を洗う)
・닦다 拭く、磨く(＝物の表面をきれいにする) Ex 구두를 닦다(靴を磨く)

問題パターン

03 広告や案内の内容に合わない文を選ぶ

40~42 다음을 읽고 맞지 않는 것을 고르십시오. 各3点

40

120 다산 콜센터

한국 생활이 힘드십니까? 120번으로 전화하세요.
친절하게 안내해 드립니다.

◆ 24시간 빠른 안내
◆ 호텔, 식당 예약, 관광 안내, 교통 정보, 수도 요금, 세금 안내
◆ 한국어, 영어, 중국어, 일본어, 베트남어, 몽골어 안내

① 밤 12시까지만 안내합니다.

② 콜센터 전화번호는 120입니다.

③ 한국어와 외국어로 안내합니다.

④ 오전에도 전화할 수 있습니다.

語彙と表現

생활(하다) 生活(する)
친절하다 親切だ

解説

40 数字に注意しましょう。お知らせに「24시간 빠른 안내(24時間迅速な案内)」とあります。文末の語尾に名詞形「-(으)ㅁ」が使われたり、終結語尾がなく名詞だけが使われるケースは多いです。この場合、「안내(案内)」という名詞が文末で使われています。

41

초대장

결혼합니다. 오셔서 축하해 주세요.

신랑: 김 상 민　　　**신부**: 정 유 리
날짜: 11월 11일 토요일 12시
장소: 사랑예식장 3층

◆ 주차장이 좁습니다. 버스나 지하철을 이용해 주십시오.
◆ 약도

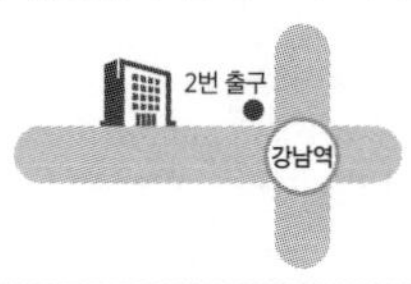

① 예식장 3층에서 결혼합니다.
② 사람들을 결혼식에 초대합니다.
③ 주차장이 없어서 버스를 타야 합니다.
④ 사랑예식장은 강남역 2번 출구 근처에 있습니다.

語彙と表現

신랑 ↔ 신부
新郎 ↔ 新婦
이용하다 利用する
출구 出口
예식장 結婚式場
사용(하다)
使用(する)
이상 ↔ 이하
以上 ↔ 以下

42

〈여름 에어컨 사용 안내〉

1. 두 달에 한 번 청소하십시오.
2. 온도는 25도 이상이 좋습니다.
3. 에어컨을 켤 때는 창문을 닫으십시오.
4. 점심시간이나 사람이 없을 때는 에어컨을 끄십시오.

① 2개월에 한 번 청소합니다.
② 온도는 25도 아래가 좋습니다.
③ 점심시간에는 에어컨을 켜지 마십시오.
④ 에어컨을 켤 때는 창문을 열지 않습니다.

解説

41 文章内に「주차장이 좁습니다.(駐車場が狭いです)」という文があることから、駐車場があることが推測できます。
42 「25 도 이상」は「25 度以上」という意味です。

問題パターン

04 短い文章に合った文を選ぶ

43~45 다음을 읽고 내용이 같은 것을 고르십시오.

43 3点

저는 야구를 좋아합니다. 롯데 팀의 팬이라서 시간이 있을 때마다 야구장에 가서 응원합니다. 지난 토요일에는 텔레비전으로 경기를 봤는데 우리 팀이 져서 슬펐습니다.

① 토요일마다 야구장에 갑니다.

② 시간이 있으면 야구를 합니다.

③ 지난 토요일에 롯데 팀이 졌습니다.

④ 지난 토요일에 야구장에 갔습니다.

語彙と表現

팬 ファン
응원(하다) 応援(する)
경기 ゲーム
이기다 ↔ 지다 勝つ ↔ 負ける
슬프다 悲しい

解説

43 語り手がロッテファンであることから、「우리 팀（私たちのチーム）」はロッテを意味します。

44 2点

인사동에는 한국 전통 음식점과 찻집이 많습니다. 그래서 외국인들에게 관광 코스로 인기가 많습니다. 외국인 친구가 한국에 오면 이곳에 같이 가십시오.

① 인사동에 외국인들이 많이 삽니다.

② 외국인 친구와 같이 인사동에 갔습니다.

③ 인사동은 한국 사람에게도 인기가 많습니다.

④ 인사동에 가면 한국 전통 음식을 먹을 수 있습니다.

語彙と表現

전통 伝統
관광 코스 観光コース
기념일 記念日
예매하다 予約する
전망 展望，眺め

45 3点

내일은 부모님의 결혼기념일입니다. 축하해 드리려고 영화표를 2장 예매하고 전망이 좋은 식당도 예약했습니다. 두 분이 내일 즐거운 시간을 보내시면 좋겠습니다.

① 아버지는 식당을 예약하셨습니다.

② 부모님은 내일 식당에 가실 겁니다.

③ 저와 어머니는 내일 영화를 볼 겁니다.

④ 저는 부모님과 즐거운 시간을 보냈습니다.

解説

44 仁寺洞には「한국 전통 음식점이 많다（韓国の伝統料理店がたくさんある）」とあるので、仁寺洞で韓国の伝統料理が食べられると推察できます。

45 本文では、語り手が明日の両親の結婚記念日のためにレストランを予約したと述べています。したがって、両親は明日レストランに行くと推察できます。

問題パターン

05 文章の主旨を選ぶ

46~48 다음을 읽고 중심 내용을 고르십시오.

46 3点

토요일에 운동장에서 빨간 가방을 잃어버렸습니다. 가방을 보신 분은 전화 주십시오. 비싸지 않지만 저에게 소중한 물건입니다.

語彙と表現

소중하다
大切だ，貴重だ

① 가방을 찾고 싶습니다.

② 가방은 소중한 물건입니다.

③ 가방을 잃어버려서 슬픕니다.

④ 빨간 가방을 다시 사고 싶습니다.

解説

46 この文章から、語り手は、失くしたものやカバンを見つけたい理由などの情報を伝えて、電話がかかってくることを望んでいることがわかります。

47 3点

저는 지난주에 미용실에서 염색을 했습니다. 그런데 색이 밝아서 얼굴과 어울리지 않습니다. 내일 어두운색으로 바꿀 겁니다.

① 머리 모양을 바꾸고 싶습니다.
② 머리 색이 마음에 들지 않습니다.
③ 저는 미용실에 자주 가고 싶습니다.
④ 저는 일주일에 한 번 미용실에 갑니다.

語彙と表現

염색(을) 하다 染色(を)する
어울리다 似合う
낚시 釣り
경치 景色
(생선을) 잡다 (魚を)釣る

48 2点

저는 힘든 일이 생기면 낚시를 하러 갑니다. 낚시를 하면서 멋진 경치도 보고 잡은 생선으로 요리도 해 먹으면서 안 좋은 생각을 잊어버리면 기분이 다시 좋아집니다.

① 낚시를 하면 행복해집니다.
② 낚시를 하러 가고 싶습니다.
③ 낚시 장소는 정말 멋집니다.
④ 낚시를 할 때 생각을 많이 합니다.

解説

47 この文章から、語り手は自分の髪の色が気に入らず、変えたいと考えていることがわかります。
48 語り手は、釣りをした後の感情の変化を語っています。

問題パターン

06 長文を読み、2つの設問に答える

49~50 다음을 읽고 물음에 답하십시오.

봄에는 '황사'라는 먼지바람이 한국으로 불어와서 공기가 나빠집니다. 이때 공기를 많이 마시면 먼지가 몸에 남기 때문에 공기가 나쁜 날에는 밖에 나가지 않는 것이 좋습니다. 밖에 나가야 할 때는 마스크를 꼭 써야 합니다. (㉠) 집에 들어가기 전에 먼지를 털고, 들어가면 샤워 후 깨끗한 옷으로 갈아입으십시오. 그리고 물을 자주 마셔서 나쁜 먼지가 몸 밖으로 나가게 하십시오.

語彙と表現

황사 黄砂
먼지 ほこり
불다 吹く
남다 残る、留まる
갈아입다 (服を)着替える
휴식 休息
방문 訪問
외출 外出

49 ㉠에 들어갈 말로 가장 알맞은 것을 고르십시오. **2点**

① 휴식 후　　② 확인 후
③ 방문 후　　④ 외출 후

50 윗글의 내용과 같은 것을 고르십시오. **2点**

① 황사는 한국에서 시작되는 바람입니다.
② 집에 오면 바로 휴식을 취하는 것이 좋습니다.
③ 물을 마시면 먼지를 몸에서 내보내는 데 도움이 됩니다.
④ 공기가 안 좋은 날에는 실내에서도 마스크를 써야 합니다.

解説

49 「집에 들어가기 전에 (家に入る前に)」という表現が㉠の後に来ているので、「家を出る」という意味を持つフレーズが㉠に当てはまります。

50 本文には「물을 자주 마셔서 나쁜 먼지가 몸 밖으로 나가게 하십시오.(水をこまめに飲んで、有害なほこりを体の外に出してください)」と書かれています。

51~52 다음을 읽고 물음에 답하십시오.

저는 방학 때마다 시골에 계시는 할아버지 댁에 갑니다. 할아버지는 집 마당에서 오이와 감자를 키우십니다. 시골에는 '5일 시장'이 있어서 5일에 한 번씩 시장을 엽니다. 우리 할아버지도 5일 시장에 가서 채소를 파십니다. 이곳에서는 자기가 직접 키우거나 만든 것을 팝니다. 그래서 이곳의 물건들은 (㉠) 모양이 없고 가격도 다 다릅니다. 저는 이 시장을 구경하는 것이 참 즐겁습니다.

語彙と表現

시골 田舎
키우다 育てる
새롭다 新しい

51 ㉠에 들어갈 말로 가장 알맞은 것을 고르십시오. 3点

① 다른　② 새로운
③ 똑같은　④ 특별한

52 무엇에 대한 내용인지 맞는 것을 고르십시오. 2点

① 시골 5일 시장 소개
② 오이와 감자 키우기
③ 할아버지의 취미 소개
④ 방학 동안의 계획 소개

解説

51 ㉠の文には「가격도 다 다르다 (値段もすべて違う)」という表現があるので、五日市のものは「形がすべて違う」ということが推測できます。
52 筆者は祖父の住む田舎で開かれている五日市を説明し、その特徴について語っています。

53~54 다음을 읽고 물음에 답하십시오.

단것을 자주 먹으면 더 강한 단맛을 찾게 돼서 음식에 설탕을 많이 넣게 됩니다. 그러나 많은 양의 설탕을 먹는 것은 건강에 위험합니다. 요리할 때 (㉠) 설탕 대신에 단 과일이나 야채를 넣으십시오. 슈퍼마켓에서 파는 과일 주스에도 설탕이 많이 들어 있으니까 차나 물을 마시고 단것을 마시고 싶을 때는 과일 주스를 직접 만들어 마시는 게 좋습니다.

語彙と表現

강하다 丈夫だ
설탕 砂糖
양 量
대신에 代わりに
직접 直接

53 ㉠에 들어갈 말로 가장 알맞은 것을 고르십시오. 2点

① 설탕이 비싸면

② 설탕을 싫어하면

③ 단맛을 싫어하면

④ 단맛이 필요하면

54 윗글의 내용과 같은 것을 고르십시오. 3点

① 설탕을 적게 먹으면 단맛을 찾게 됩니다.

② 설탕 대신 과일을 넣으면 더 맛있습니다.

③ 설탕을 많이 먹으면 점점 더 많이 먹게 됩니다.

④ 단것이 마시고 싶으면 슈퍼에서 파는 과일 주스를 드십시오.

解説

53 (㉠) の前に、「단맛 (甘味)」を欲しているときに食べ物に砂糖を入れるとあります。(㉠) の後に、語り手は砂糖の代わりに甘い果物を加えるように言っています。

54 語り手は「단것을 자주 먹으면 (甘いものを食べ過ぎると)」、砂糖をたくさん入れるようになると言っています。

55~56 다음을 읽고 물음에 답하십시오.

텔레비전은 좋은 점이 있습니다. 뉴스를 알 수 있고 재미있는 방송을 보면서 스트레스도 풀 수 있습니다. (㉠) 나쁜 점도 적지 않습니다. 텔레비전을 보는 데 긴 시간을 사용하면 가족들과 이야기하는 시간이 짧아지고 생각하는 시간이 없어집니다. 또 아이들이 텔레비전에 나오는 나쁜 말을 따라 할 수도 있습니다.

語彙と表現

방송 放送
스트레스를 풀다 ストレスを発散する
좋은 점 ↔ 나쁜 점 良い点 ↔ 悪い点
따라 하다 真似する

55 ㉠에 들어갈 말로 가장 알맞은 것을 고르십시오. 2点

① 그러면 ② 그러나
③ 그리고 ④ 그래서

56 윗글의 내용과 같은 것을 고르십시오. 3点

① 아이들은 텔레비전을 보면 스트레스를 받습니다.
② 가족들과 이야기하면 생각하는 시간이 없어집니다.
③ 가족들은 텔레비전을 보면서 더 많이 이야기합니다.
④ 아이들이 텔레비전을 보고 나쁜 말을 배울 수 있습니다.

解説

55 (㉠)の前後の文ではそれぞれテレビの良いところ、悪いところについて語っているので、前後の文が対比されるときに使われる接続副詞を入れる必要があります。
56 本文には、「子どもはテレビで使われている悪い言葉を真似することもできる」と書かれています。

問題パターン

07 文を順番に並べ替える

57~58 다음을 순서에 맞게 배열한 것을 고르십시오.

57 3点

(가) 그런데 친구가 준 초대장을 잃어버렸습니다.

(나) 친구가 저에게 생일 파티 초대장을 줬습니다.

(다) 친구의 생일 파티에 가서 생일을 축하해 주었습니다.

(라) 그래서 친구에게 전화해서 파티 장소와 시간을 물어봤습니다.

語彙と表現

초대장 招待状
잃어버리다 失くす、失う

① (나) – (라) – (가) – (다)

② (나) – (가) – (다) – (라)

③ (나) – (라) – (다) – (가)

④ (나) – (가) – (라) – (다)

解説

57 4つの選択肢はすべて(나)で始まるので、最初の文から順番を見つけるとよいでしょう。「그래서(したがって)」は因果関係のある2つの文をつなぎ、「그런데(しかし)」は矛盾する意味を持つ2つの文をつなぎます。招待状を失くすのは招待状を受け取った後になるのが適切で、パーティー会場については語り手がパーティーに行く前に尋ねることです。

58 2点

(가) 그중에서 제일 인기가 많은 음식은 삼계탕입니다.

(나) 그래서 사람들은 건강에 좋은 음식을 많이 찾습니다.

(다) 한국의 여름은 더워서 조금만 움직여도 피곤해집니다.

(라) 삼계탕으로 유명한 식당은 예약하지 않으면 자리가 없습니다.

語彙と表現

인기 人気
삼계탕 参鶏湯 (サムゲタン：鶏肉と高麗人参のスープ)
피곤하다 疲れる
자리 席

① (다) - (나) - (라) - (가)

② (다) - (가) - (나) - (라)

③ (다) - (나) - (가) - (라)

④ (다) - (가) - (라) - (나)

解説

58 (가) は、列挙されている食べ物の中で最も人気がある「음식（食べ物）」を紹介しているので、(가) の前に様々な食べ物が紹介されていなければなりません。

問題パターン

08 長文を読み、2つの設問に答える

59~60 다음을 읽고 물음에 답하십시오.

여행을 떠날 때는 이것저것 준비해야 할 것이 많습니다. (㉠) 필요한 것을 모두 가지고 갈 수 있다면 좋을 것입니다. (㉡) 특히 배낭여행을 할 때에 짐이 많으면 몸이 금방 피곤해져서 여러 곳을 구경할 수 없게 됩니다. (㉢) 짐을 가볍게 싸는 것이 즐거운 여행을 하는 좋은 방법입니다. (㉣)

語彙と表現

특히 特に
배낭여행 バックパッカー旅行
구경하다 見学する，観光する
짐을 싸다 荷造りをする

59 다음 문장이 들어갈 곳으로 가장 알맞은 것을 고르십시오. 2点

하지만 짐이 무거워지면 여행이 힘들어지기 쉽습니다.

① ㉠ ② ㉡ ③ ㉢ ④ ㉣

60 윗글의 내용과 같은 것을 고르십시오. 3点

① 배낭여행은 다른 여행보다 피곤합니다.
② 즐거운 여행을 하려면 짐이 가벼워야 합니다.
③ 배낭여행은 많은 곳을 구경할 수 있어서 좋습니다.
④ 여행을 떠날 때 필요한 물건을 모두 가지고 가야 합니다.

解説

59 ㉡の後ろの「특히 배낭여행을 할 때에 짐이 많으면 (特にバックパッカー旅行で荷物が多いと)」は前の文を詳しく説明しているので、この文の前に荷物に関する文が必要になります。
60 テキストには、「짐을 가볍게 싸는 것이 즐거운 여행을 하는 좋은 방법 (荷物を軽くすることが楽しい旅行をする良い方法)」だと書かれています。

61~62 다음을 읽고 물음에 답하십시오. 各2点

61 ㉠에 들어갈 말로 가장 알맞은 것을 고르십시오.

요즘 여의도역에서는 점심시간마다 작은 음악회가 열리고 있습니다. 이 음악회는 서울시가 근처 직장인들을 위해 준비한 것으로 전통 음악부터 K-Pop까지 매일 다른 다양한 음악을 들을 수 있어서 (㉠). 또 미리 홈페이지에 신청한 직장인들은 직접 무대에 올라가서 공연을 할 수 있습니다.

語彙と表現

음악회 音楽会，コンサート
미리 事前に
신청하다 申請する
무대 舞台
올라가다 上がる

① 바쁘지 않습니다
② 느리지 않습니다
③ 무겁지 않습니다
④ 지루하지 않습니다

62 윗글의 내용과 같은 것을 고르십시오.

① 가수나 연주자만 공연을 할 수 있습니다.
② 이 음악회는 모든 지하철역에서 열립니다.
③ 공연을 하고 싶으면 미리 신청을 해야 합니다.
④ 직장인들이 지하철역에서 음악회를 시작했습니다.

解説

61「다양한 음악을 들을 수 있어서（多様な音楽を聞くことができるので）」起こる結果を推測する必要があります。
62 本文では、出演できるのは「미리 홈페이지에 신청한 직장인들（事前にホームページから申し込んだ会社員）」と書かれています。

63~64 다음을 읽고 물음에 답하십시오.

학생 여러분 안녕하십니까? 한글날에 대강당에서 제3회 '외국인 한국어 말하기 대회'를 합니다. 외국인 유학생들이 자기의 한국 생활 이야기를 3분 정도 말하는 대회입니다. 대회는 10월 9일 9시에 시작해서 11시에 끝납니다. 대회에 오셔서 유학생들의 이야기를 들어 주십시오. 대회 후에는 함께 비빔밥을 만들어서 식사하려고 합니다. 식사비는 무료입니다.

語彙と表現

대회 大会
유학생 留学生
무료 ↔ 유료 無料 ↔ 有料
참가자 参加者

63 왜 윗글을 썼는지 맞는 것을 고르십시오. 2点

① 참가자에게 장소를 안내하려고
② 말하기 대회 참석을 부탁하려고
③ 말하기 대회 신청을 확인하려고
④ 참가자에게 시간을 안내하려고

64 윗글의 내용과 같은 것을 고르십시오. 3点

① 한글날은 10월 9일입니다.
② 비빔밥을 먹고 싶으면 돈을 내야 합니다.
③ 전에 한국어 말하기 대회를 3번 했습니다.
④ 대회 후에는 비빔밥을 파는 식당에 갈 겁니다.

解説

63 語り手は、「대회에 오셔서 들어 주십시오.（コンテストに来て〔留学生たちの話を〕聞いてください）」と言っています。
64 ハングルの日に韓国語スピーチコンテストが開催されると語り手は言っています。「제3회」は「第3回」という意味です。

65~66 다음을 읽고 물음에 답하십시오.

요즘은 냉장고를 사용하기 때문에 계절에 관계없이 신선한 음식을 먹을 수 있습니다. 그러나 옛날에는 냉장고가 없어서 온도가 높은 여름에는 음식을 오래 보관할 수 없었습니다. 그래서 채소나 과일은 말리고 고기나 생선같이 (㉠) 재료는 소금을 많이 넣어서 짜게 만든 후 보관하였습니다.

語彙と表現

관계 関係
신선하다 新鮮だ
말리다 乾く
상하다 腐る
보관하다 保存する

65 ㉠에 들어갈 말로 가장 알맞은 것을 고르십시오. 2点

① 차가운
② 온도가 높은
③ 상하기 쉬운
④ 오래 먹을 수 있는

66 윗글의 내용과 같은 것을 고르십시오. 3点

① 생선과 고기는 말려서 보관합니다.
② 음식에 소금을 넣으면 온도가 낮아집니다.
③ 요즘은 겨울에만 신선한 음식을 먹을 수 있습니다.
④ 요즘은 여름에도 신선한 음식을 먹을 수 있습니다.

解説

65 昔は夏には食べ物が長く保存できなかった、と本文に書いてあります。
66「계절에 관계없이 (季節に関係なく)」というフレーズは、夏でも新鮮な食材を食べられることを示しています。

67~68 다음을 읽고 물음에 답하십시오. 各3点

저는 날마다 지하철로 출근하는데 평일 아침 7시부터 9시까지는 빈자리가 없어서 서서 갈 때가 많습니다. 그래서 저는 앉아서 가려고 아침 6시쯤 지하철을 탑니다. 일찍 일어나는 것이 (㉠) 편하게 갈 수 있어서 좋습니다. 보통 라디오를 들으면서 가는데 재미있는 이야기를 듣다가 내려야 할 역을 지나쳐서 지각을 한 적도 있습니다.

語彙と表現

날마다 毎日
빈자리 空席
서다 立つ

67 ㉠에 들어갈 말로 가장 알맞은 것을 고르십시오.

① 힘들지만　　② 힘드니까
③ 힘들지 않아서　　④ 힘들기 때문에

68 윗글의 내용과 같은 것을 고르십시오.

① 회사에 날마다 지각합니다.
② 6시쯤에는 지하철에 빈자리가 있습니다.
③ 스마트폰을 구경하는 것은 재미있습니다.
④ 이 사람은 보통 7시부터 9시 사이에 출근합니다.

解説

67 前の文「일찍 일어나는 것이 힘들다 (早起きするのは大変です)」と、その後に続く文「편하게 갈 수 있다 (快適に出勤できます)」とが矛盾しています。互いに矛盾する 2 つの文をつなぐ接続語尾が必要です。

68 語り手は、「앉아서 가려고 (座って行くために)」朝 6 時頃に地下鉄に乗ると言っています。したがって、6 時頃の地下鉄は席が空いていることが推察されます。

69~70 다음을 읽고 물음에 답하십시오. 各3点

> 저는 한국에 온 지 한 달밖에 안 되었습니다. 오늘 한국 통장을 만들러 처음으로 은행에 갔습니다. 번호표를 받고 20분 정도 기다린 후에 은행원이 제 번호를 불러서 창구로 갔습니다. 한국어가 서투르기 때문에 긴장됐습니다. (㉠) 할 말을 미리 연습했는데 은행원이 제 말을 잘 들어 주고 친절하게 도와줘서 통장을 만들 수 있었습니다. 앞으로도 계속 이 은행을 이용할 생각입니다.

語彙と表現

통장 通帳
창구 カウンター
서투르다 苦手だ
실수 失敗

69 ㉠에 들어갈 말로 가장 알맞은 것을 고르십시오.

① 실수하면

② 실수하기 위해서

③ 실수한 것 같아서

④ 실수하지 않으려고

70 윗글의 내용으로 알 수 있는 것을 고르십시오.

① 번호표를 받는 데 20분 정도가 걸립니다.

② 한국어가 서툴러도 통장을 만들 수 있었습니다.

③ 통장을 만들려면 한국어를 많이 연습해야 합니다.

④ 한국에 온 지 한 달 후부터 통장을 만들 수 있습니다.

解説

69 語り手の発言から、韓国語が苦手であることがわかります。㉠には語り手が事前に韓国語を練習した目的を答えに選ぶとよいでしょう。

70 語り手は「韓国語は苦手だけど、銀行の窓口で助けてもらって口座を開くことができた」と言っています。そして、語り手は番号札を取ってから20分ほど待ちました。

PART 3
模擬試験

模擬試験 1

듣기 リスニング

읽기 リーディング

듣기 リスニング　模擬試験 1

Track 17

※ [1~4] 다음을 듣고 〈보기〉와 같이 물음에 맞는 대답을 고르십시오.

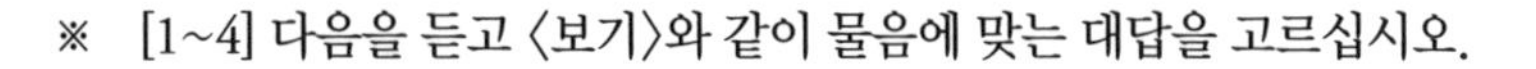

보 기

가: 공부를 해요?

나: ____________________

❶ 네, 공부를 해요.　② 아니요, 공부예요.

③ 네, 공부가 아니에요.　④ 아니요, 공부를 좋아해요.

1. (4점)

① 네, 회사원이에요.　② 아니요, 회사원이 있어요.

③ 네, 회사원이 아니에요.　④ 아니요, 회사원이 많아요.

2. (4점)

① 네, 친구가 없어요.　② 아니요, 친구가 있어요.

③ 네, 친구가 많아요.　④ 아니요, 친구를 만나요.

3. (3점)

① 피자를 먹어요.　② 김밥을 좋아해요.

③ 음식을 좋아해요.　④ 비빔밥을 먹었어요.

4. (3점)

① 친구하고 갈 거예요.　② 버스를 탈 거예요.

③ 다음 주에 갈 거예요.　④ 동생을 만나러 갈 거예요.

Track 18

※ [5~6] 다음을 듣고 〈보기〉와 같이 이어지는 말을 고르십시오.

〈보 기〉

가: 늦어서 미안해요.
나: ____________________

① 고마워요. ❷ 아니에요.
③ 죄송해요. ④ 부탁해요.

5. (4점)

① 네, 맞습니다. ② 네, 다시 걸겠습니다.
③ 네, 죄송합니다. ④ 네, 잠깐만 기다리세요.

6. (3점)

① 네, 괜찮습니다. ② 네, 실례합니다.
③ 네, 잘 먹겠습니다. ④ 네, 잘 먹었습니다.

Track 19

※ [7~10] 여기는 어디입니까? 〈보기〉와 같이 알맞은 것을 고르십시오.

〈보 기〉

가: 내일까지 숙제를 꼭 내세요.
나: 네, 선생님.

① 빵집 ② 호텔 ❸ 교실 ④ 병원

7. (3점)

① 옷 가게 ② 신발 가게 ③ 모자 가게 ④ 가방 가게

8. (3점)

① 병원 ② 공원 ③ 학교 ④ 식당

9. (3점)

① 문구점 ② 편의점 ③ 전자 상가 ④ 엘리베이터

10. (4점)

① 택시 ② 버스 ③ 정류장 ④ 지하철

Track 20

※ [11~14] 다음은 무엇에 대해 말하고 있습니까? 〈보기〉와 같이 알맞은 것을 고르십시오.

보 기

가: 이 아파트에 살아요?
나: 네, 5층에 살아요.

❶ 집 ② 역 ③ 주소 ④ 달력

11. (3점)

① 편지 ② 시간 ③ 날짜 ④ 장소

12. (3점)

① 옷 ② 선물 ③ 휴일 ④ 영수증

13. (4점)

① 일 ② 취미 ③ 주말 ④ 운동

14. (3점)

① 머리 ② 가족 ③ 동료 ④ 나이

※ [15~16] 다음을 듣고 가장 알맞은 그림을 고르십시오. (각 4점)

15. ①

②

③

④

16. ①

②

③

④

Track 22

※ [17~21] 다음을 듣고 〈보기〉와 같이 대화 내용과 같은 것을 고르십시오. (각 3점)

보기

남자: 요즘 한국어를 공부해요?
여자: 네. 한국 친구한테서 한국어를 배워요.

① 남자는 학생입니다. ② 여자는 학교에 다닙니다.
③ 남자는 한국어를 가르칩니다. ❹ 여자는 한국어를 공부합니다.

17. ① 보통 우편은 2만 원입니다.
② 빠른우편은 중국까지 3주 걸립니다.
③ 보통 우편은 중국까지 일주일 걸립니다.
④ 여자는 물건을 빠른우편으로 보낼 겁니다.

18. ① 남자는 12동 1층에 삽니다.
② 여자는 관리실 위치를 모릅니다.
③ 의자를 무료로 버릴 수 있습니다.
④ 쓰레기를 버릴 때는 관리실에 말해야 합니다.

19. ① 남자는 여권을 잃어버렸습니다.
② 여자는 방을 예약하려고 합니다.
③ 방을 예약할 때는 여권이 필요합니다.
④ 남자는 예약한 방을 확인하러 왔습니다.

20. ① 남자는 2시 버스를 타려고 합니다.
② 남자는 가족과 함께 평창에 갑니다.
③ 1시 버스에는 두 명만 탈 수 있습니다.
④ 1시 20분에 출발하는 버스가 있습니다.

21. ① 중국집은 지금 굉장히 바쁩니다.
② 주문하는 데 한 시간이 걸렸습니다.
③ 카드 계산은 식당에서만 가능합니다.
④ 여자는 짜장면을 한 시간쯤 기다렸습니다.

Track 23

※ [22~24] 다음을 듣고 여자의 중심 생각을 고르십시오. (각 3점)

22. ① 남자를 계속 기다릴 겁니다.
② 남자가 늦어서 기분이 나쁩니다.
③ 남자를 기다리게 해서 미안합니다.
④ 남자와 다른 날에 만나고 싶습니다.

23. ① 영수증을 받고 싶습니다.
② 큰 가방으로 바꾸고 싶습니다.
③ 가방 모양이 마음에 들지 않습니다.
④ 가방을 다른 상품으로 바꾸고 싶습니다.

24. ① 이메일을 빨리 받고 싶습니다.
② 자료를 팩스로 다시 받고 싶습니다.
③ 자료를 이메일로 다시 받고 싶습니다.
④ 남자가 보낸 자료가 마음에 들지 않습니다.

Track 24

※ [25~26] **다음을 듣고 물음에 답하십시오.**

25. 여자가 왜 이 이야기를 하고 있는지 고르십시오. (3점)
① 엘리베이터를 판매하려고
② 엘리베이터를 새로 바꾸려고
③ 엘리베이터 수리를 안내하려고
④ 엘리베이터 수리를 요청하려고

26. 들은 내용과 같은 것을 고르십시오. (4점)
① 6시부터 수리할 계획입니다.
② 수리하는 데 5시간이 걸립니다.
③ 5시에는 엘리베이터를 사용할 수 있습니다.
④ 6시까지 엘리베이터와 계단을 이용할 수 없습니다.

Track 25

※ [27~28] **다음을 듣고 물음에 답하십시오.**

27. 두 사람이 무엇에 대해 이야기를 하고 있는지 고르십시오. (3점)
① 한국의 문화
② 집들이 방법
③ 집들이 선물
④ 인사동의 분위기

28. 들은 내용과 같은 것을 고르십시오. (4점)

① 여자는 신혼부부의 집에 간 적이 없습니다.

② 여자는 집들이에 휴지와 세제를 사 갈 겁니다.

③ 인사동에서 그림 액자를 싸게 살 수 있습니다.

④ 집들이는 특별한 날에 손님을 집으로 초대하는 문화입니다.

Track 26

※ **[29~30] 다음을 듣고 물음에 답하십시오.**

29. 여자가 이곳에 온 이유를 고르십시오. (3점)

① 눈이 나빠져서

② 잠을 잘 못 자서

③ 약을 받고 싶어서

④ 운동 방법을 알고 싶어서

30. 들은 내용과 같은 것을 고르십시오. (4점)

① 여자는 일주일 후에 다시 와야 합니다.

② 커피는 하루에 한 잔만 마셔야 합니다.

③ 자기 전에 운동을 하면 잘 잘 수 있습니다.

④ 여자는 어두운 곳에서 노트북을 사용합니다.

읽기 リーディング　模擬試験 1

※　[31~33] 무엇에 대한 내용입니까? 〈보기〉와 같이 알맞은 것을 고르십시오. (각 2점)

〈 보 기 〉

사과가 있습니다. 그리고 배도 있습니다.

① 요일　② 공부　❸ 과일　④ 생일

31.

친구들을 초대했습니다. 케이크를 먹고 선물을 많이 받았습니다.

① 취미　② 음식　③ 생일　④ 날씨

32.

사과는 빨갛습니다. 하늘은 파랗습니다.

① 색깔　② 과일　③ 취미　④ 방학

33.

주말에 백화점에 갔습니다. 가격이 싸서 바지와 티셔츠를 많이 샀습니다.

① 장소　② 약속　③ 수업　④ 쇼핑

※　[34~39] 〈보기〉와 같이 (　　)에 들어갈 말로 가장 알맞은 것을 고르십시오.

〈 보 기 〉

날씨가 좋습니다. (　　　)이 맑습니다.

① 눈　② 밤　❸ 하늘　④ 구름

34. (2점)

월요일(　　　) 금요일까지 회사에서 일합니다.

① 에　　② 하고　　③ 부터　　④ 에서

35. (2점)

지갑에 돈이 없습니다. 그래서 은행에 돈을 (　　　) 갑니다.

① 내러　　② 보내러　　③ 받으러　　④ 찾으러

36. (2점)

운동을 해서 목이 마릅니다. (　　　)을 마시고 싶습니다.

① 빵　　② 물　　③ 축구　　④ 신발

37. (3점)

높은 구두를 신고 오래 걸었습니다. 그래서 다리가 (　　　).

① 깁니다　　② 춥습니다　　③ 예쁩니다　　④ 아픕니다

38. (3점)

친구가 전화를 안 받습니다. 이따가 (　　　) 전화하겠습니다.

① 곧　　② 거의　　③ 다시　　④ 별로

39. (2점)

우체국은 3번 출구 앞에 있습니다. 3번 출구로 (　　　).

① 나가십시오　　② 들어오십시오

③ 들어가십시오　　④ 내려오십시오

※ [40~42] 다음을 읽고 맞지 않는 것을 고르십시오.(각 3점)

40.

가족 사랑 음악회

일시: 2022년 4월 23일 (토) ~ 2022년 4월 30일 (토) 오후 5시
장소: 하나극장
예매: (02) 777-1243 http://www.yesul.com
*홈페이지 예매 시 10% 할인
가격: VIP석 70,000원 R석 50,000원 A석 30,000원

① 4월 말까지만 공연합니다.
② 자리마다 가격이 다릅니다.
③ 인터넷으로도 예매할 수 있습니다.
④ 전화로 예매하면 더 싸게 살 수 있습니다.

41.

사랑 주식회사

부장 나 연 숙
주소: 서울시 강남구 역삼동 21 하나빌딩 3층
회사: (02) 563-3226
H.P.: 010-1234-5789

① 나연숙 씨는 부장입니다.
② 회사가 역삼동에 있습니다.
③ 사랑 주식회사에서 근무합니다.
④ 집 전화번호는 (02) 563-3226입니다.

42.

- 노트북을 팝니다 -

사용 기간: 1년 (작년 7월에 샀습니다.)

A/S 기간: 구입 후 2년

가격: 80만 원 (처음 가격: 120만 원)

휴대 전화: 010-5789-1234 (21시 이후에는 문자를 보내 주세요.)

① 노트북을 작년 여름에 샀습니다.

② 21시까지만 문자를 보내 주십시오.

③ 내년 7월까지 A/S를 받을 수 있습니다.

④ 처음 살 때 가격은 120만 원이었습니다.

※ [43~45] 다음을 읽고 내용이 같은 것을 고르십시오.

43. (3점)

제 하숙집은 학교 근처에 있습니다. 개인 화장실이 있고 깨끗합니다. 아침을 먹을 수 있고 아주머니도 친절합니다.

① 학교와 하숙집이 멉니다.

② 화장실을 혼자 쓸 수 있습니다.

③ 아주머니가 요리를 잘하십니다.

④ 아침과 저녁 식사를 할 수 있습니다.

44. (2점)

오늘 누나와 집 앞 공원에 놀러 갔습니다. 공원에서 자전거를 타고 꽃도 구경했습니다. 7시쯤에 집에 돌아왔습니다.

① 어제 공원에 갔습니다.
② 7시쯤에 공원에 갔습니다.
③ 공원이 집 앞에 있습니다.
④ 자전거를 타고 공원에 갔습니다.

45. (3점)

행복주유소가 한국대학교 앞으로 이사했습니다. 이번 주까지 기름을 넣으시는 분들께 선물로 영화표를 드립니다.

① 다음 주에는 영화표를 주지 않습니다.
② 기름을 넣는 사람에게 상품권을 줍니다.
③ 주유소에 오는 사람에게 영화표를 줍니다.
④ 한국대학교가 주유소 근처로 이사했습니다.

※ **[46~48] 다음을 읽고 중심 내용을 고르십시오.**

46. (3점)

이번 여름휴가 때 일본에 가기로 했습니다. 도쿄 타워에서 야경을 보고 기념품을 사고 불꽃 축제에도 갈 겁니다. 여름이 빨리 오면 좋겠습니다.

① 저는 도쿄 야경을 보고 싶습니다.
② 저는 일본에 빨리 가고 싶습니다.
③ 저는 일본 기념품을 사고 싶습니다.
④ 저는 불꽃 축제에 참가하고 싶습니다.

47. (3점)

저는 매일 자전거로 출근합니다. 자전거를 타면 기분이 좋고 스트레스가 풀립니다. 주말에도 아이들과 자전거를 타고 한강에 갑니다.

① 주말에도 자전거를 타고 싶습니다.

② 아이들과 자전거를 타고 싶습니다.

③ 저는 자전거를 타는 것이 즐겁습니다.

④ 자전거를 타고 출근하는 것이 좋습니다.

48. (2점)

저는 노래를 못합니다. 제 친구는 가수처럼 잘합니다. 그래서 저도 친구처럼 되고 싶습니다.

① 제 친구는 가수입니다.

② 저는 노래를 좋아합니다.

③ 제 친구는 노래를 잘합니다.

④ 저는 노래를 잘하고 싶습니다.

※ [49~50] **다음을 읽고 물음에 답하십시오.** (각 2점)

우리 가족은 주말마다 가족 신문을 만듭니다. 남편과 저의 회사 이야기, 아이들의 학교 이야기를 한 후 함께 글을 쓰고 그림을 그립니다. 전에는 아이들이 글쓰기를 싫어해서 걱정했는데 신문을 (　㉠　) 아이들이 글 쓰는 것을 즐거워합니다.

49. ㉠에 들어갈 말로 가장 알맞은 것을 고르십시오.

① 만들면 ② 만들어도

③ 만든 후부터 ④ 만들 수 있어서

50. 윗글의 내용과 같은 것을 고르십시오.

① 아이들이 글쓰기를 즐거워합니다.

② 한 달에 한 번 가족 신문을 만듭니다.

③ 아이들은 전에 글쓰기를 못했습니다.

④ 아이들이 글을 쓰고 아빠는 그림을 그립니다.

※ **[51~52] 다음을 읽고 물음에 답하십시오.**

많이 웃는 사람이 행복해집니다. 웃을 때 우리 몸에서는 '엔도르핀'이 나와서 힘이 납니다. 웃음은 좋은 운동입니다. 100번 웃으면 10분 동안 농구를 한 것과 같습니다. 슬플 때 웃긴 영화를 (㉠) 만화책을 읽으면 슬픈 생각을 잊어버립니다. 많이 웃으면 행복이 찾아옵니다.

51. ㉠에 들어갈 말로 가장 알맞은 것을 고르십시오. (3점)

① 봐도 ② 볼 때 ③ 보거나 ④ 보지만

52. 무엇에 대한 이야기인지 맞는 것을 고르십시오. (2점)

① 웃음에 좋은 운동

② 웃음과 행복의 관계

③ 슬픔을 줄이는 방법

④ 스트레스에 도움이 되는 운동

※ [53~54] **다음을 읽고 물음에 답하십시오.**

저는 취직을 준비하고 있습니다. 회사에 다니고 있는 친구들은 (㉠) 회사가 최고라고 합니다. 그러나 저는 돈보다 저와 맞는 일을 찾는 게 중요합니다. 돈을 많이 벌어도 일이 즐겁지 않으면 오래 할 수 없기 때문입니다. 그래서 저는 시간이 오래 걸려도 즐거운 일을 할 수 있는 회사를 찾을 겁니다.

53. ㉠에 들어갈 말로 가장 알맞은 것을 고르십시오. (2점)

① 퇴근이 빠른　　② 할 일이 적은

③ 분위기가 좋은　　④ 월급을 많이 주는

54. 윗글의 내용과 같은 것을 고르십시오. (3점)

① 빨리 취직하고 싶습니다.

② 지금 하는 일이 즐겁지 않습니다.

③ 즐겁지 않은 일은 오래 할 수 없습니다.

④ 저와 맞고 돈을 많이 버는 일을 찾습니다.

※ [55~56] **다음을 읽고 물음에 답하십시오.**

우리 회사는 회식을 자주 하는데 장소를 선택하기 어려울 때마다 '행복뷔페'를 이용합니다. 행복뷔페에서는 12,000원에 한식, 일식, 중식, 양식 등 모든 음식을 먹을 수 있습니다. (㉠) 메뉴를 고민할 필요가 없습니다. 주말에는 평일보다 3,000원을 더 내야 하지만 특별 메뉴가 나오고 와인을 마실 수 있기 때문에 뷔페를 찾는 사람이 더 많습니다.

55. ㉠에 들어갈 말로 가장 알맞은 것을 고르십시오. (2점)

① 그래서　② 그리고　③ 그런데　④ 그러면

56. 윗글의 내용과 같은 것을 고르십시오. (3점)

① 우리 회사는 회식이 많지 않습니다.

② 12,000원에 와인도 마실 수 있습니다.

③ 평일 점심에는 특별 메뉴가 나오지 않습니다.

④ 한식, 일식, 중식, 양식 중 한 가지를 먹을 수 있습니다.

※ **[57~58] 다음을 순서에 맞게 배열한 것을 고르십시오.**

57. (3점)

(가) 따라서 옷은 직접 입어 보고 사는 것이 좋습니다.
(나) 최근 인터넷으로 물건을 구매하는 사람들이 점점 많아지고 있습니다.
(다) 하지만 옷은 입어 볼 수 없기 때문에 사이즈가 맞지 않는 경우가 있습니다.
(라) 짧은 시간에 여러 상품을 구경할 수 있고 가게를 돌아다니지 않아도 되기 때문입니다.

① (나)-(다)-(가)-(라)　② (나)-(라)-(다)-(가)
③ (나)-(다)-(라)-(가)　④ (나)-(라)-(가)-(다)

58. (2점)

(가) 그래서 집에서 우산을 가지고 나왔습니다.
(나) 그런데 지하철 선반에 우산을 놓고 내렸습니다.
(다) 아침에 하늘이 흐렸습니다. 비가 올 것 같았습니다.
(라) 밖으로 나왔을 때 비가 내려서 비를 맞으면서 학교에 갔습니다.

① (다)-(가)-(나)-(라)　② (다)-(나)-(라)-(가)
③ (다)-(가)-(라)-(나)　④ (다)-(나)-(가)-(라)

※ [59~60] **다음을 읽고 물음에 답하십시오.**

발이 건강해야 몸도 건강합니다. (㉠) 신발을 고를 때에는 굽이 낮고 자기의 발보다 조금 큰 사이즈를 선택하는 것이 좋습니다. 걸을 때는 조금 빠른 걸음으로 걷고 (㉡) 실내에서는 신발을 벗고 공기가 통하게 하십시오. (㉢) 발이 피곤한 날에는 따뜻한 물에 담근 후에 마사지를 하고 발이 붓는 분은 잘 때 다리를 높은 곳에 놓고 주무십시오. (㉣)

59. 다음 문장이 들어갈 곳으로 가장 알맞은 것을 고르십시오. (2점)

신발을 오래 신고 있으면 발이 습해질 수 있으니까

① ㉠　② ㉡　③ ㉢　④ ㉣

60. 윗글의 내용과 같은 것을 고르십시오. (3점)

① 발에 딱 맞는 크기의 신발을 골라야 합니다.
② 빨리 걷는 것보다 천천히 걷는 것이 좋습니다.
③ 발이 피곤하면 마사지 후 따뜻한 물로 씻으십시오.
④ 발이 붓는 사람은 발을 높은 곳에 놓으면 좋습니다.

※ [61~62] 다음을 읽고 물음에 답하십시오. (각 2점)

매년 700만 명이 방문하는 서울에 시티투어 버스가 생겼습니다. 출발 장소인 광화문에서 버스를 탄 후 원하는 장소에 내려서 구경하고, 내린 장소에서 다음 버스를 타면 됩니다. 이용 시간은 오전 9시부터 오후 9시고 월요일은 운행하지 않습니다. 의자마다 관광지 안내를 들을 수 있는 기계가 있습니다. (㉠) 여행책을 찾지 않아도 됩니다.

61. ㉠에 들어갈 말로 가장 알맞은 것을 고르십시오.

① 그래서 ② 그리고 ③ 그러나 ④ 그러면

62. 윗글의 내용과 같은 것을 고르십시오.

① 월요일부터 토요일까지 운행합니다.
② 매년 700만 명이 버스를 이용합니다.
③ 첫차는 광화문에서 9시에 출발합니다.
④ 버스 기사님이 관광지를 안내해 줍니다.

※ [63~64] 다음을 읽고 물음에 답하십시오.

학생 여러분 '김치 만들기' 행사에 신청해 주셔서 감사합니다. 이번 주 토요일 오전 10시부터 1시까지 1층 대강당에서 합니다. 12부터 1시까지는 점심시간입니다. 학생 식당으로 오시면 김밥과 물을 드립니다. 식사 후에 1층에서 같이 사진을 찍겠습니다. 토요일에 뵙겠습니다.

63. 왜 윗글을 썼는지 맞는 것을 고르십시오. (2점)

① 김치 만들기를 소개하려고
② 김치 만들기에 초대하려고
③ 김치 만들기 행사 정보를 안내하려고
④ 김치 만들기 신청 방법을 안내하려고

64. 윗글의 내용과 같은 것을 고르십시오. (3점)

① 김치는 2시간 동안 만듭니다.

② 학생 식당에서 김밥과 물을 팝니다.

③ 이번 주 토요일까지 신청하면 됩니다.

④ 1층에서 사진을 찍고 김치 만들기를 시작합니다.

※ **[65~66] 다음을 읽고 물음에 답하십시오.**

해외여행 전에 준비하면 좋은 것들이 있습니다. 먼저, 여행할 곳의 날씨를 알아보고 날씨에 맞는 옷만 싸서 필요 없는 짐을 줄이십시오. 공항은 환율이 비싸니까 여행 시 쓸 비용을 계산하여 집 근처 은행에서 (㉠) 놓으십시오. 그리고 여행지의 문화와 역사를 공부해 가면 더 많은 것을 느끼고 경험할 수 있으니까 관련된 책을 미리 읽고 가십시오.

65. ㉠에 들어갈 말로 가장 알맞은 것을 고르십시오. (2점)

① 예약해 ② 환전해 ③ 확인해 ④ 취소해

66. 윗글의 내용과 같은 것을 고르십시오. (3점)

① 여행지에서 날씨에 맞는 옷을 삽니다.

② 책의 내용과 여행지에서의 경험은 다릅니다.

③ 집 근처 은행은 공항보다 환전 방법이 간단합니다.

④ 여행할 곳의 문화와 역사를 공부하는 것이 좋습니다.

※ [67~68] **다음을 읽고 물음에 답하십시오.** (각 3점)

한옥과 아파트는 문을 여는 방법에 차이가 있습니다. 한옥은 문을 밖에서 안으로 밀어서 여는 방식이라 들어가는 게 쉽지만 아파트는 안에서 밖으로 미는 방식으로 나가기 쉽게 지었습니다. 한옥은 손님에게 문을 열어 줄 때 집주인이 한 발 뒤로 (㉠) 문을 당기지만 아파트는 손님이 한 발 뒤로 가야 해서 불편합니다. 옛날 사람들은 다른 사람을 먼저 생각해서 문을 만든 것 같습니다.

67. ㉠에 들어갈 말로 가장 알맞은 것을 고르십시오.

① 가면 ② 가니까 ③ 가면서 ④ 가려고

68. 윗글의 내용과 같은 것을 고르십시오.

① 한옥은 문이 밖으로 열립니다.

② 한옥은 손님이 문을 당겨서 엽니다.

③ 아파트는 들어가기 쉽게 만들어졌습니다.

④ 아파트는 문을 열 때 손님이 뒤로 갑니다.

※ [69~70] **다음을 읽고 물음에 답하십시오.** (각 3점)

부모님은 먼 곳에 살고 계셔서 자주 찾아뵙기 힘듭니다. 그래서 부모님이 그리울 때마다 전화를 합니다. 전에는 목소리밖에 들을 수 없었는데 요즘은 스마트폰으로 서로 얼굴을 보며 통화할 수 있어서 옆에 있는 것처럼 느껴집니다. 스마트폰을 사 드리기 전에는 부모님께서 잘 (㉠) 걱정했는데 부모님이 생각보다 훨씬 잘 사용하셔서 다행입니다.

69. ㉠에 들어갈 말로 가장 알맞은 것을 고르십시오.

① 사용하지 못해서

② 사용하지 못하면

③ 사용하지 못할 것 같아서

④ 사용하지 못하고 있어서

70. 윗글의 내용으로 알 수 있는 것을 고르십시오.

① 부모님 댁에 자주 찾아뵙습니다.

② 부모님이 스마트폰을 잘 사용하셔서 좋습니다.

③ 스마트폰의 사진을 보면서 부모님과 통화합니다.

④ 부모님이 스마트폰을 잘 사용하지 못해서 걱정했습니다.

模擬試験 2

듣기 リスニング

읽기 リーディング

듣기 リスニング 模擬試験 2

Track 27

※ [1~4] 다음을 듣고 〈보기〉와 같이 물음에 맞는 대답을 고르십시오.

〈보 기〉

가: 공책이에요?

나: ________________

❶ 네, 공책이에요. ② 아니요, 공책이 싸요.

③ 네, 공책이 없어요. ④ 아니요, 공책이 커요.

1. (4점)

① 네, 아들이 있어요. ② 아니요, 딸이 있어요.

③ 네, 아이가 없어요. ④ 아니요, 두 명 있어요.

2. (3점)

① 네, 운동을 해요. ② 아니요, 운동을 알아요.

③ 네, 운동을 잘해요. ④ 아니요, 운동이 아니에요.

3. (4점)

① 영화관에서 봤어요. ② 한국 영화를 봤어요.

③ 동생하고 볼 거예요. ④ 부모님과 같이 봤어요.

4. (3점)

① 너무 더워요. ② 공연을 봤어요.

③ 사람이 있어요. ④ 아주 재미있었어요.

※ [5~6] 다음을 듣고 〈보기〉와 같이 이어지는 말을 고르십시오.

보 기

가: 안녕히 계세요.
나: ____________________

① 들어오세요.　　② 어서 오세요.
③ 안녕히 계세요.　　❹ 안녕히 가세요.

5. (4점)

① 알겠습니다.　　② 부탁합니다.
③ 수고하셨습니다.　　④ 잠깐만 기다리세요.

6. (3점)

① 축하합니다.　　② 괜찮습니다.
③ 고맙습니다.　　④ 실례합니다.

※ [7~10] 여기는 어디입니까? 〈보기〉와 같이 알맞은 것을 고르십시오.

보 기

가: 내일까지 숙제를 꼭 내세요.
나: 네, 선생님.

① 빵집　　② 호텔　　❸ 교실　　④ 병원

7. (3점)

① 집　　② 은행　　③ 학원　　④ 아파트

8. (3점)

① 약국　　② 식당　　③ 커피숍　　④ 슈퍼마켓

9. (3점)

① 버스　② 옷 가게　③ 정류장　④ 지하철역

10. (4점)

① 서점　② 공항　③ 호텔　④ 여행사

Track 30

※ [11~14] 다음은 무엇에 대해 말하고 있습니까? 〈보기〉와 같이 알맞은 것을 고르십시오.

보 기

가: 이 아파트에 살아요?
나: 네, 5층에 살아요.

❶ 집　② 역　③ 주소　④ 달력

11. (3점)

① 직업　② 장소　③ 회사　④ 이름

12. (3점)

① 수업　② 달력　③ 계절　④ 날짜

13. (3점)

① 장소　② 온도　③ 날씨　④ 얼굴

14. (4점)

① 맛　② 주문　③ 고기　④ 식당

※ [15~16] 다음을 듣고 가장 알맞은 그림을 고르십시오. (각 4점)

15. ①

②

③

④

16. ①

②

③

④

Track 32

※ [17~21] 다음을 듣고 〈보기〉와 같이 대화 내용과 같은 것을 고르십시오. (각 3점)

보 기

남자: 요즘 한국어를 공부해요?
여자: 네, 한국 친구한테서 한국어를 배워요.

① 남자는 학생입니다. ② 여자는 학교에 다닙니다.
③ 남자는 한국어를 가르칩니다. ❹ 여자는 한국어를 공부합니다.

17. ① 여자는 손님입니다.
② 남자는 떡볶이를 가지고 갑니다.
③ 여자는 떡볶이를 2인분 시켰습니다.
④ 남자는 식당에서 떡볶이를 먹습니다.

18. ① 아침과 저녁에는 사람이 적습니다.
② 평일에는 주말보다 사람이 많습니다.
③ 남자는 요즘 수영을 배우고 있습니다.
④ 낮에는 수영장에 사람이 많지 않습니다.

19. ① 여자는 도서관에서 일합니다.
② 남자는 혼자 영어 공부를 할 겁니다.
③ 남자는 친구에게 책을 선물할 겁니다.
④ 남자는 미국 친구에게 한국어를 가르칩니다.

20. ① 여자는 지금 신발 코너에 있습니다.
② 여자는 안내 데스크를 찾고 있습니다.
③ 안내 데스크는 화장실 옆에 있습니다.
④ 남자는 여자를 엘리베이터까지 안내해 줬습니다.

21. ① 남자 혼자서 공연을 봅니다.
② 공연장과 버스 정류장이 멉니다.
③ 남자는 5시까지 공연장에 가야 합니다.
④ 공연 예매는 공연장에서만 할 수 있습니다.

Track **33**

※ [22~24] **다음을 듣고 여자의 중심 생각을 고르십시오.** (각 3점)

22. ① 가벼운 감기라도 병원에 가야 합니다.
② 퇴근 후에 같이 병원에 가고 싶습니다.
③ 감기가 심해지면 병원에 가고 싶습니다.
④ 감기에 걸렸을 때 꼭 병원에 가지 않아도 됩니다.

23. ① 식당 음식은 비쌉니다.
② 식당 음식은 몸에 안 좋습니다.
③ 식당 음식보다 도시락이 맛있습니다.
④ 도시락을 먹으면 좋은 점이 많습니다.

24. ① 우산을 잃어버리지 않게 조심해야 합니다.
② 우산을 빌려주는 서비스가 생겨서 좋습니다.
③ 우산을 잃어버리면 돈을 내야 해서 싫습니다.
④ 우산을 빌려주는 서비스를 이용하고 싶지 않습니다.

Track 34

※ **[25~26] 다음을 듣고 물음에 답하십시오.**

25. 여자가 왜 이 이야기를 하고 있는지 고르십시오. (3점)
① 공연의 사진을 찍으려고
② 공연의 내용을 설명하려고
③ 공연의 배우들을 소개하려고
④ 공연 중에 주의할 사항을 부탁하려고

26. 들은 내용과 같은 것을 고르십시오. (4점)
① 휴대 전화는 꼭 꺼야 합니다.
② 휴대 전화는 가지고 들어갈 수 없습니다.
③ 공연 후에 배우들과 사진을 찍을 수 있습니다.
④ 공연 중에 사진은 찍을 수 있지만 동영상은 찍을 수 없습니다.

Track 35

※ **[27~28] 다음을 듣고 물음에 답하십시오.**

27. 두 사람이 무엇에 대해 이야기를 하고 있는지 맞는 것을 고르십시오. (3점)
① 인터넷 광고의 문제점
② 인터넷 상품의 배송 기간
③ 인터넷 상품의 배달 방법
④ 인터넷으로 가방 구매하기

28. 들은 내용과 같은 것을 고르십시오. (4점)

① 물건을 받는 데 7일이 걸립니다.

② 기내에 들어가는 가방을 사려고 합니다.

③ 구매한 가방이 광고와 달라서 실망했습니다.

④ 반품하려면 우체국에서 상품을 부쳐야 합니다.

Track 36

※ [29~30] **다음을 듣고 물음에 답하십시오.**

29. 여자가 이곳에 온 이유를 고르십시오. (3점)

① 노트북에 문제가 생겨서

② 회의 자료를 부탁하려고

③ 회의 시간을 알려 주려고

④ 노트북 사용 방법이 궁금해서

30. 들은 내용과 같은 것을 고르십시오. (4점)

① 여자는 어제 노트북을 샀습니다.

② 노트북은 어젯밤에 고장이 났습니다.

③ 노트북을 껐다가 켜면 화면이 나옵니다.

④ 남자는 회의 시간 전에 수리해 줄 겁니다.

읽기 リーディング　模擬試験 2

※ [31~33] 무엇에 대한 내용입니까? 〈보기〉와 같이 알맞은 것을 고르십시오. (각 2점)

〈보 기〉

아버지는 의사입니다. 어머니는 은행원입니다.

① 주말　❷ 부모　③ 병원　④ 오빠

31.
공책은 천 원입니다. 연필은 오백 원입니다.

① 값　② 책　③ 학교　④ 가방

32.
친구는 커피를 마십니다. 저는 녹차를 마십니다.

① 친구　② 음료　③ 음식　④ 취미

33.
아침에 산에 올라갔습니다. 산이 높아서 시간이 오래 걸렸습니다.

① 휴가　② 기분　③ 등산　④ 여행

※ [34~39] 〈보기〉와 같이 (　　)에 들어갈 말로 가장 알맞은 것을 고르십시오.

〈보 기〉

저는 (　　　)에 갔습니다. 책을 샀습니다.

① 극장　❷ 서점　③ 공원　④ 세탁소

34. (2점)

저는 남자 친구(　　　) 생일 선물을 줄 겁니다.

① 에　② 에게　③ 으로　④ 에게서

35. (2점)

공부할 때 모르는 단어가 있으면 (　　　)을 찾습니다.

① 가방　② 공책　③ 연필　④ 사전

36. (2점)

방이 너무 습하고 덥습니다. 그래서 에어컨을 (　　　).

① 껐습니다　② 켰습니다　③ 닫았습니다　④ 열었습니다

37. (3점)

공항에 (　　　) 가야 합니다. 그런데 길이 막힙니다.

① 가끔　② 벌써　③ 빨리　④ 이미

38. (3점)

엄마가 혼자 청소를 하십니다. 엄마를 (　　　).

① 부릅니다　② 소개합니다　③ 정리합니다　④ 도와드립니다

39. (2점)

2호선을 탔습니다. 다음 역에서 3호선으로 (　　　).

① 내립니다　② 갈아탑니다　③ 올라갑니다　④ 내려갑니다

※ [40~42] 다음을 읽고 맞지 않는 것을 고르십시오. (각 3점)

40.

한국 피자

– 배달 아르바이트 구함 –

• 근무 시간: 평일 12~20시
  주말 12~23시
• 급여: 시간당 9,200원
• 20세 이상 / 오토바이 운전면허증 필요

① 한 시간에 9,200원을 받습니다.

② 피자를 배달할 사람이 필요합니다.

③ 오토바이 운전면허증이 있어야 합니다.

④ 월요일부터 일요일까지 8시간씩 일합니다.

41.

♠ 박물관 관람 안내 ♠

▶ 3월~9월 09:00~18:00

▶ 10월~2월 09:00~17:00

▶ 휴관일: 매주 월요일, 매년 1월 1일

▶ 입장료: 어른 5,000원 학생 2,000원 7세 이하 무료

① 박물관은 월요일마다 쉽니다.

② 5살 아이는 입장료가 무료입니다.

③ 1월 1일에는 관람할 수 없습니다.

④ 1월에는 오후 6시까지 관람할 수 있습니다.

42.

*** **영 수 증** ***

슈퍼마트 종로점 2022년 1월 12일

품명	단가(원)	수량	금액(원)
오이	1,000	5	5,000
맥주	2,500	1	2,500
감자	800	6	4,800
		합계	12,300
		받은 돈 (현금)	13,000
		거스름돈	700

① 오이를 다섯 개 샀습니다.

② 현금으로 계산했습니다.

③ 물건값은 총 만 삼천 원입니다.

④ 슈퍼마트 종로점에서 샀습니다.

※ **[43~45] 다음을 읽고 내용이 같은 것을 고르십시오.**

43. (3점)

아침에 버스를 탔습니다. 그런데 지갑을 놓고 내렸습니다. 버스 회사에 지갑을 찾으러 갔지만 지갑이 없었습니다.

① 지갑을 찾았습니다.

② 지갑을 못 찾았습니다.

③ 버스 회사에서 일합니다.

④ 버스 회사에 전화했습니다.

44. (2점)

낮에는 택시가 빠릅니다. 하지만 아침에는 길이 막혀서 느립니다. 그래서 저는 보통 지하철을 타고 회사에 갑니다.

① 낮에는 지하철을 탑니다.

② 낮에는 택시로 회사에 갑니다.

③ 아침에는 보통 지하철을 탑니다.

④ 회사가 지하철 역 근처에 있습니다.

45. (3점)

휴일에 병원에 갔는데 사람이 많아서 오래 기다렸습니다. 평일에는 사람이 적어서 기다리지 않습니다. 다음에는 평일에 갈 겁니다.

① 병원은 항상 손님이 많습니다.

② 휴일보다 평일에 사람이 많습니다.

③ 아침 시간에는 오래 기다려야 합니다.

④ 다음에는 사람이 적은 평일에 갈 겁니다.

※ [46~48] 다음을 읽고 중심 내용을 고르십시오.

46. (3점)

제 컴퓨터는 오래됐습니다. 그래서 새 컴퓨터가 필요합니다. 주말에 남자 친구와 전자 상가에 갈 겁니다.

① 저는 새 물건을 좋아합니다.

② 저는 제 컴퓨터가 좋습니다.

③ 주말에 새 컴퓨터를 살 겁니다.

④ 저는 전자 상가에 가 보고 싶습니다.

47. (3점)

저는 미국 사람이고 영어 선생님입니다. 한국어를 배우고 싶습니다. 저한테 한국어를 가르쳐 주실 분은 전화 주십시오.

① 한국어 선생님을 찾고 있습니다.
② 저는 영어를 가르치고 싶습니다.
③ 저는 한국어 공부가 재미있습니다.
④ 저는 영어를 가르치는 것이 즐겁습니다.

48. (2점)

저는 스트레스를 받으면 사탕이나 초콜릿을 찾습니다. 사탕과 초콜릿은 달아서 먹으면 기분이 좋아지고, 기분이 좋아지면 스트레스가 풀리기 때문입니다.

① 사탕과 초콜릿은 답니다.
② 스트레스를 받으면 힘듭니다.
③ 요즘 스트레스를 많이 받습니다.
④ 스트레스를 받을 때 단것을 먹으면 풀립니다.

※ [49~50] **다음을 읽고 물음에 답하십시오.** (각 2점)

운전 중에 전화가 오면 어떻게 하십니까? 운전하면서 그냥 전화를 받는 사람도 있을 것입니다. 그러나 이런 경우도 술을 마시고 운전하거나 졸릴 때 운전하는 것과 같이 사고의 위험이 높습니다. 이럴 때는 여러분의 (　㉠　) 차를 길옆에 세우고 전화를 받으십시오.

49. ㉠에 들어갈 말로 가장 알맞은 것을 고르십시오.

① 일을 위해서　　② 차를 위해서

③ 시간을 위해서　　④ 안전을 위해서

50. 윗글의 내용과 같은 것을 고르십시오.

① 차를 길옆에 세우는 것은 위험합니다.

② 운전 중에 전화를 받으면 벌금을 내야 합니다.

③ 운전 중에 전화를 받으면 사고가 나기 쉽습니다.

④ 술을 마시고 운전하는 것이 전화를 받는 것보다 위험합니다.

※ **[51~52] 다음을 읽고 물음에 답하십시오.**

사람의 몸은 70%가 물이기 때문에 물은 우리에게 중요합니다. 물을 잘 알고 마시면 건강해질 수 있습니다. 아침에 일어나자마자 물을 한 잔 드십시오. 차가운 물보다는 따뜻한 물이 좋고 조금씩 나눠서 천천히 마시는 것이 좋습니다. 우리 모두 물을 마시고 젊고 (　㉠　) 삽시다.

51. ㉠에 들어갈 말로 가장 알맞은 것을 고르십시오. (3점)

① 건강한　　② 건강하게

③ 건강하면　　④ 건강하거나

52. 무엇에 대한 내용인지 맞는 것을 고르십시오. (2점)

① 물을 마시는 속도

② 물을 마시는 방법

③ 물을 마시는 시간

④ 건강에 좋은 음식

※ [53~54] **다음을 읽고 물음에 답하십시오.**

한국에 유학 온 지 10년이 되었습니다. 한국은 저에게 고향 같은 곳입니다. 옛날에는 한국말을 잘 못해서 물건도 못 샀는데 지금은 가격도 잘 깎고 김치도 혼자서 담가 먹습니다. 제가 자주 가는 반찬 가게 아주머니는 저를 딸이라고 부르면서 반찬을 더 주십니다. 곧 졸업하고 고향에 돌아가야 하는데 고향에 가면 한국이 많이 (㉠).

53. ㉠에 들어갈 말로 가장 알맞은 것을 고르십시오. (2점)

① 올 겁니다 ② 생각납니다

③ 살고 싶습니다 ④ 그리울 것 같습니다

54. 윗글의 내용과 같은 것을 고르십시오. (3점)

① 지금은 한국 생활에 익숙해졌습니다.

② 부끄러워서 물건값을 잘 못 깎습니다.

③ 어머니께서 반찬 가게에서 일하십니다.

④ 한국에서 태어나서 외국에서 자랐습니다.

※ [55~56] **다음을 읽고 물음에 답하십시오.**

'부탁해요'라는 분홍색 오토바이를 본 적이 있으신가요? '부탁해요'는 음식이나 꽃, 물건, 서류 등을 손님이 원하는 곳으로 배달하는 서비스입니다. 이동 거리와 서비스의 종류에 따라서 요금을 계산합니다. (㉠) 서비스 전에 돈을 받습니다. 집에서 유명 식당의 음식을 편하게 먹고 싶거나 물건을 빨리 받아야 할 때 이용해 보십시오.

55. ㉠에 들어갈 말로 가장 알맞은 것을 고르십시오. (2점)

① 그래서 ② 그런데 ③ 그리고 ④ 그러면

56. 윗글의 내용과 같은 것을 고르십시오. (3점)

① 음식을 배달한 후에 계산합니다.

② 서비스 요금은 거리마다 다릅니다.

③ '부탁해요'는 음식 배달 서비스입니다.

④ 서비스 시간에 따라서 요금을 계산합니다.

※ **[57~58] 다음을 순서에 맞게 배열한 것을 고르십시오.**

57. (3점)

(가) 더운 여름에는 에어컨을 오래 사용합니다.

(나) 에어컨 온도를 27도로 하는 게 좋습니다.

(다) 하지만 에어컨을 오래 켜는 것은 몸에 좋지 않습니다.

(라) 그리고 방의 온도가 너무 낮으면 감기에 걸릴 수 있으니까

① (가) - (다) - (라) - (나)　　② (가) - (나) - (라) - (다)

③ (가) - (나) - (다) - (라)　　④ (가) - (다) - (나) - (라)

58. (2점)

(가) 다음에는 제일 뒷자리에 앉을 겁니다.

(나) 퇴근 후에 동료와 영화를 보러 갔습니다.

(다) 영화를 보는데 뒷사람이 의자를 여러 번 찼습니다.

(라) 불편해서 뒷사람에게 이야기를 했지만 듣지 않았습니다.

① (나) - (라) - (가) - (나)　　② (나) - (다) - (라) - (가)

③ (나) - (라) - (나) - (가)　　④ (나) - (다) - (가) - (라)

※ [59~60] **다음을 읽고 물음에 답하십시오.**

'낮잠 카페'에서는 차도 마시고 잠도 잘 수 있습니다.(㉠) 차를 시키면 한 시간 동안 잘 수 있고 추가 요금을 내면 더 있을 수 있습니다. (㉡) 침대처럼 넓은 소파와 편한 분위기 때문에 (㉢) '낮잠 카페'에는 혼자 오는 사람도 많습니다. (㉣) 그래서 이 시간에 이용하려면 예약을 해야 합니다.

59. 다음 문장이 들어갈 곳으로 가장 알맞은 것을 고르십시오. (2점)

특히 점심시간에 '낮잠 카페'를 찾는 직장인들이 많습니다.

① ㉠ ② ㉡ ③ ㉢ ④ ㉣

60. 윗글의 내용과 같은 것을 고르십시오. (3점)

① 혼자만 들어갈 수 있습니다.

② 한 시간 이상 자려면 돈을 내야 합니다.

③ 이용하기 전에 항상 예약을 해야 합니다.

④ 카페에는 넓은 침대가 준비되어 있습니다.

※ [61~62] **다음을 읽고 물음에 답하십시오.** (각 2점)

어제 처음으로 동료들과 야구장에 갔습니다. 처음엔 게임 규칙을 (㉠) 지루했는데 동료가 옆에서 설명해 줘서 2회부터는 재미있게 봤습니다. 열심히 응원해서 목이 아팠지만 우리가 응원한 팀이 이겨서 기뻤습니다. 팀에서 제일 유명한 선수의 이름이 있는 티셔츠도 샀습니다.

61. ㉠에 들어갈 말로 가장 알맞은 것을 고르십시오.

① 듣지 못해서　② 생각하지 못해서

③ 이해하지 못해서　④ 계산하지 못해서

62. 윗글의 내용과 같은 것을 고르십시오.

① 동료가 규칙을 설명해 줬습니다.

② 동료들은 야구장에 자주 갑니다.

③ 팀의 이름이 있는 티셔츠를 샀습니다.

④ 첫 번째 게임은 응원한 팀이 졌습니다.

※ [63~64] **다음을 읽고 물음에 답하십시오.**

주민 여러분, 주민 센터에서 가을 '바자회'를 할 계획입니다. 10월 5일까지 읽지 않는 책이나 입지 않는 옷, 사용하지 않는 물건들을 주민 센터로 가지고 오시면 모인 물건을 깨끗하게 정리해서 10일부터 12일까지 3일간 판매합니다. 판매한 돈으로 주민 도서관의 새 책을 사려고 합니다. 많은 관심 부탁드립니다.

63. 왜 윗글을 썼는지 맞는 것을 고르십시오. (2점)

① 바자회 시작을 알리려고

② 바자회 참여에 감사하려고

③ 바자회 참여를 부탁하려고

④ 도서관 책 구매에 대해서 설명하려고

64. 윗글의 내용과 같은 것을 고르십시오. (3점)

① 10일부터 3일간 안 쓰는 물건을 받습니다.

② 물건을 5일까지 주민 센터로 가지고 가면 됩니다.

③ 안 쓰는 물건을 가지고 오면 다른 물건으로 바꿔 줍니다.

④ 주민 센터의 물건을 팔아서 새 책을 구매하려고 합니다.

※ [65~66] **다음을 읽고 물음에 답하십시오.**

요즘 박물관들이 '박물관은 (㉠)'라는 사람들의 생각을 바꾸려고 노력하고 있습니다. 북촌 전통 박물관은 옛날 사람들의 방법으로 떡 만들기, 한복 입어 보기 등의 활동을 만들어서 아이부터 어른까지 즐길 수 있게 하고 있습니다. 입장료는 무료지만 입장 하루 전까지 인터넷으로 신청을 받습니다.

65. ㉠에 들어갈 말로 가장 알맞은 것을 고르십시오. (2점)

① 재미없다 ② 어렵다

③ 간단하다 ④ 조용하다

66. 윗글의 내용과 같은 것을 고르십시오. (3점)

① 활동은 중학생부터 할 수 있습니다.

② 입장 하루 전날만 신청을 받습니다.

③ 인터넷 신청자만 입장료가 할인됩니다.

④ 사람들의 생각을 바꾸려고 활동을 만들었습니다.

※ **[67~68] 다음을 읽고 물음에 답하십시오.** (각 3점)

> 한국에서는 식사할 때 그릇을 들고 먹거나 씹을 때 소리가 나면 안 됩니다. 젓가락은 반찬을, 숟가락은 밥과 국물을 먹을 때 사용합니다. 어른이 물이나 술을 주실 때는 잔을 두 손으로 받고, 나이가 적은 사람은 (㉠)보다 먼저 식사를 시작하면 안 됩니다. 밥을 다 먹어도 어른의 식사가 끝날 때까지 기다려야 합니다.

67. ㉠에 들어갈 말로 가장 알맞은 것을 고르십시오.

① 나이가 많은 사람

② 식사를 주문한 사람

③ 식사를 준비한 사람

④ 식사비를 내는 사람

68. 윗글의 내용과 같은 것을 고르십시오.

① 밥그릇은 들고 먹습니다.

② 식사가 끝나면 먼저 일어나야 합니다.

③ 어른한테서 물을 받을 때는 두 손으로 받습니다.

④ 물은 한 손으로 받고 술은 두 손으로 받아야 합니다.

※ [69~70] **다음을 읽고 물음에 답하십시오.** (각 3점)

저는 매달 월급을 받아서 생활하는데 매달 월세를 내면 남는 돈이 많지 않아서 돈을 모으기가 어렵습니다. 매년 월급은 비슷한데 물건 가격은 오르니까 돈을 (　㉠　). 저는 혼자 살아서 전에는 음식을 만들면 다 먹지 못해서 버릴 때가 많았는데 요즘은 1인분으로 포장된 재료를 쓰니까 쓰레기도 덜 나오고 편리합니다. 앞으로 생활비를 아낄 수 있는 방법을 더 알아봐야겠습니다.

69. ㉠에 들어갈 말로 가장 알맞은 것을 고르십시오.

① 모아야 합니다　　② 벌어야 합니다

③ 아껴 써야 합니다　　④ 보내야 합니다

70. 윗글의 내용으로 알 수 있는 것을 고르십시오.

① 친구와 생활비를 나눠서 냅니다.

② 이 사람은 돈을 많이 모았습니다.

③ 이 사람의 월급은 매년 오릅니다.

④ 1인분으로 포장된 재료를 쓴 후에 음식을 덜 남깁니다.

Complete Guide to the
TOPIK

解答・解説

PART 2 | パターン別練習問題

PART 3 | 模擬試験 1

PART 3 | 模擬試験 2

PART 2 パターン別練習問題

＊数字は左から問題番号、丸数字は正答、カッコ内の数字は配点です。

듣기 ▸ P. 34~46

1. ④ (4)　2. ③ (4)　3. ② (3)　4. ① (3)　5. ④ (4)　6. ① (3)　7. ② (3)
8. ③ (3)　9. ④ (3)　10. ③ (4)　11. ② (3)　12. ① (3)　13. ④ (4)　14. ② (3)
15. ② (4)　16. ④ (4)　17. ① (3)　18. ④ (3)　19. ② (3)　20. ③ (3)　21. ③ (3)
22. ③ (3)　23. ④ (3)　24. ③ (3)　25. ④ (3)　26. ② (4)　27. ④ (3)　28. ④ (4)
29. ② (3)　30. ④ (4)

읽기 ▸ P. 47~67

31. ① (2)　32. ③ (2)　33. ② (2)　34. ④ (2)　35. ④ (2)　36. ① (2)　37. ③ (3)
38. ① (3)　39. ② (2)　40. ① (3)　41. ③ (3)　42. ② (3)　43. ③ (3)　44. ④ (2)
45. ② (3)　46. ① (3)　47. ② (3)　48. ① (2)　49. ④ (2)　50. ③ (2)　51. ③ (3)
52. ① (2)　53. ④ (2)　54. ③ (3)　55. ② (2)　56. ④ (3)　57. ④ (3)　58. ③ (2)
59. ② (2)　60. ② (3)　61. ④ (2)　62. ③ (2)　63. ② (2)　64. ① (3)　65. ③ (2)
66. ④ (3)　67. ① (3)　68. ② (3)　69. ④ (3)　70. ② (3)

リスニング台本

問 1 ～ 30 はリスニング問題です。それぞれの問題を注意深く聞いて、質問に対する最も適切な答えを選んでください。各問題は 2 回読まれます。

[1~4] 다음을 듣고 〈보기〉와 같이 물음에 맞는 대답을 고르십시오.

▶ P. 34~35

보기

가 공책이에요?

나 ______________________

❶ 네, 공책이에요.　② 네, 공책이 없어요.

③ 아니요, 공책이 싸요.　④ 아니요, 공책이 커요.

1 여자 교과서가 있어요?

正解 ❹ 아니요, 교과서가 없어요.

2 남자 그 가방을 어디에서 샀어요?

正解 ❸ 시장에서 샀어요.

3 여자 귤이 한 개에 얼마예요?

正解 ❷ 오백 원이에요.

4 남자 영화가 몇 시에 시작해요?

正解 ❶ 일곱 시요.

[1~4] 次を聞いて、《例》のように質問に合った答えを選んでください。

例

가 ノートですか？

나 ______________________

❶ はい、ノートです。

② はい、ノートがありません。

③ いいえ、ノートが安いです。

④ いいえ、ノートが大きいです。

1 女性 教科書がありますか?

① はい、教科書です。

② いいえ、教科書があります。

③ はい、教科書がいいです。

❹ いいえ、教科書がありません。

2 男性 そのバッグをどこで買いましたか？

① 一つ買いました。

② 週末に買いました。

❸ 市場で買いました。

④ 百貨店で買います。

3 女性 ミカンは1個でいくらですか？

① ミカンが甘いです。

❷ 500ウォンです。

③ ミカンが好きです。

④ ミカンを一つください。

4 男性 映画は何時に始まりますか？

❶ 7時です。

② 4階にあります。

③ 9時に終わります。

④ 2時間かかります。

[5~6] 다음을 듣고 〈보기〉와 같이 이어지는 말을 고르십시오.

▶ P. 36

보기

가 안녕히 계세요.

나 ______________________

① 들어오세요.　② 어서 오세요.

③ 안녕히 계세요.　❹ 안녕히 가세요.

[5~6] 次を聞いて、《例》のように後ろに続く表現を選んでください。

例

가 さようなら。

나 ______________________

① お入りください。

② いらっしゃいませ。

③ さようなら。(残る人に)

❹ さようなら。(帰る人に)

5 여자 오랜만이에요.

正解 ❹ 그동안 잘 지냈어요?

6 여자 이예진 씨, 계십니까?

正解 ❶ 네, 누구세요?

5 女性 お久しぶりです。

① はじめまして。
② お気をつけて。
③ お会いできてうれしいです。
❹ お元気でしたか？

6 女性 イ・イェジンさんはいらっしゃいますか?

❶ はい、どちら様ですか？
② はい、もしもし？
③ はい、かしこまりました。
④ はい、ありがとうございます。

[7~10] 여기는 어디입니까? 〈보기〉와 같이 알맞은 것을 고르십시오. ▶ P. 37

보기

가 내일까지 숙제를 꼭 내세요.
나 네, 선생님.

① 빵집 ② 호텔
❸ 교실 ④ 병원

7 남자 아주머니, 된장찌개를 시켰는데 김치찌개를 주셨어요.
여자 죄송합니다. 다시 준비해 드릴게요.

正解 ❷ 식당

8 남자 소포를 미국에 부치려고 하는데 며칠 걸려요?
여자 배로는 30일, 비행기로는 3일 걸려요.

正解 ❸ 우체국

9 남자 노래를 정말 잘하시네요. 가수 같아요.
여자 감사합니다. 선욱 씨도 노래 하나 불러 주세요.

正解 ❹ 노래방

10 여자 어제 산 치마가 너무 작아서 바꾸러 왔어요.
남자 그럼 이 치마를 입어 보시겠어요?

正解 ❸ 옷 가게

[7~10] ここはどこですか？《例》のように適切なものを選んでください。

例

가 明日までに宿題を必ず提出してください。
나 はい、先生。

① パン屋 ②ホテル
❸ 教室 ④病院

7 男性 おばさん、テンジャンチゲを注文したのに、キムチチゲをくださいましたよ。
女性 すみません。もう一度準備いたします。

① 居酒屋
❷ 食堂
③ 銀行
④ 書店

8 男性 小包をアメリカに送りたいのですが、何日かかりますか?
女性 船便で30日、航空便で3日かかります。

① 店
② 空港
❸ 郵便局
④ 旅行代理店

9 男性 歌が本当に上手ですね。歌手のようですね。
女性 ありがとうございます。ソンウクさんも一曲歌ってください。

① 学校
② 空港
③ 図書館
❹ カラオケ

10 男性 昨日買ったスカートがとても小さいので、交換しにきました。
女性 では、このスカートを履いてみられますか？

① 会社
② 書店
❸ 服屋
④ 文具店

[11~14] 다음은 무엇에 대해 말하고 있습니까? 〈보기〉와 같이 알맞은 것을 고르십시오.

▶ P. 38

보기

가 이 아파트에 살아요?

나 네. 5층에 살아요.

❶ 집 ② 역
③ 주소 ④ 달력

11 남자 저는 서른 살이에요.

여자 저는 서른한 살이에요. 제가 한 살이 많네요.

正解 ❷ 나이

12 남자 저는 여름을 좋아해요.

여자 저는 여름이 더워서 싫어요. 시원한 가을을 좋아해요.

正解 ❶ 계절

13 남자 지금 서울에는 비가 오고 있는데 부산은 어때요?

여자 부산은 흐리고 바람이 많이 불어요.

正解 ❹ 날씨

14 남자 이거 언제 찍은 거예요?

여자 대학교 졸업식 날 찍은 거예요.

正解 ❷ 사진

[11~14] 次は何について話していますか?《例》のように適切なものを選んでください。

例

가 このアパートに住んでいますか?
나 はい、5階に住んでいます。

❶ 家 ② 駅
③ 住所 ④カレンダー

11 男性 私は30歳です。
女性 私は31歳です。私が1歳年上ですね。

① 職業
❷ 年齢
③ 週末
④ 趣味

12 男性 私は夏が好きです。
女性 私は夏は暑いので嫌いです。涼しい秋が好きです。

❶ 季節
② 運動
③ 気分
④ 天気

13 男性 今ソウルでは雨が降っていますが、釜山はどうですか?
女性 釜山は曇っていて風がたくさん吹いています。

① 時間
② 交通
③ 旅行
❹ 天気

14 男性 これはいつ撮ったものですか?
女性 大学の卒業式の日に撮ったものです。

① 学校
❷ 写真
③ 計画
④ 趣味

[15~16] 다음을 듣고 가장 알맞은 그림을 고르십시오.

▶ P. 39~40

15 남자 집에 신발을 신고 들어가도 돼요?

여자 아니요. 신발을 벗고 이걸 신으세요.

正解 ❷

16 남자 모자가 정말 잘 어울리시네요.

여자 고마워요. 오빠한테서 생일 선물로 받았어요. 예쁘죠?

正解 ❹

[15~16] 次を聞いて、最も適切な絵を選んでください。

15 男性 家に靴をを履いたまま入ってもいいですか?
女性 いいえ。靴を脱いで、これを履いてください。

16 男性 帽子が本当によく似合っていますね。
女性 ありがとう。お兄ちゃんから誕生日プレゼントでもらいました。かわいいでしょう?

[17~21] 다음을 듣고 〈보기〉와 같이 대화 내용과 같은 것을 고르십시오. ▶ P. 41~42

17 남자 소연 씨, 이사한 지 두 달 됐는데 또 이사할 집을 구해요? 지금 집이 불편해요?
여자 아니요. 새로 지은 아파트라서 깨끗하고 지하철역에서도 가까워서 살기 편해요.
남자 그런데 왜 이사하려고 해요?
여자 여동생이랑 같이 살려고 하는데 지금 사는 집은 둘이 살면 좁아서 넓은 집으로 이사 가려고요.

正解 ❶ 여자는 두 달 전에 이사했습니다.

18 남자 바다에 왔으니까 저녁으로 회를 먹는 게 어때요?
여자 회요? 날씨가 더워서 위험하지 않을까요? 여름에는 회를 먹고 배탈이 나기 쉬우니까 조심해야 해요.
남자 그럼 회는 날씨가 시원해지면 먹고 오늘은 고기나 먹읍시다.

正解 ❹ 여름에는 회를 먹지 않는 것이 좋습니다.

19 남자 이번 주 일요일까지 인사동에서 한복 전시회를 하는데 같이 가실래요?
여자 한복 전시회요? 한복을 잡지에서 본 적이 있는데 직접 보면 좋겠네요.
남자 외국인은 여권을 가지고 가면 30% 할인을 받을 수 있어요.
여자 그래요? 그럼 언제, 어디에서 만날까요?

正解 ❷ 여자는 한복을 직접 본 적이 없습니다.

[17~21] 次の文章を聞いて、《例》のように会話の内容と一致するものを選んでください。

17 男性 ソヨンさん、2か月前に引っ越したばかりなのに、また引っ越す家をお探しですか？ 今の家は住み心地が悪いですか？
女性 いいえ。新しく建てられたアパートだからきれいだし、地下鉄の駅からも近いから住み心地はよいですよ。
男性 じゃあ、どうして引っ越そうとしているのですか？
女性 妹と一緒に住もうとしているのですが、今住んでいる家は2人で住むと狭いので、広いところに引っ越そうと思っています。

❶ 女性は2か月前に引っ越しました。
② 今の家は会社と近くて快適です。
③ 新しく引っ越す家は今の家より狭いです。
④ この人は妹と一緒に住んでいます。

18 男性 海に来たのだから、夕食に生魚を食べるのはどうでしょう？
女性 生魚ですか？ 暑いから危険じゃないですか？ 夏には生魚を食べるとお腹を壊しやすいから、気をつけないといけません。
男性 では、生魚は涼しくなったら食べるとして、今日は肉でも食べましょう。

① 女性は肉が食べたいです。
② 夜に海へ行くと危ないです。
③ 女性は生魚を食べてお腹が痛くなりました。
❹ 夏には生魚を食べないのがよいです。

19 男性 今週の日曜日まで、仁寺洞で韓服の展示会をやっていますが、一緒に行きませんか？
女性 韓服の展示会ですか？ 韓服は雑誌で見たことがありますが、実際に見られたらいいですね。
男性 外国人はパスポートを持っていけば30%割引になりますよ。
女性 そうなんですか？ では、いつ、どこで会いますか？

① 外国人割引はパスポートがなくてもよいです。
❷ 女性は韓服を実際に見たことがありません。
③ 2人は韓服の雑誌を読みたいです。
④ 女性は韓服の展示会へ行ったことがあります。

20 **남자** 노트북을 새로 샀어요? 화면이 커서 좋네요.

여자 네. 어제 샀는데 참 가벼워요. 한번 들어 보실래요?

남자 정말 가볍네요. 저도 다음에는 이런 것으로 사려고 해요. 제 노트북은 화면은 커서 보기 편한데 무거워서 오래 들고 다닐 수가 없어요.

正解 ❸ 남자는 다음에 가벼운 노트북을 사려고 합니다.

20 **男性** ノートパソコンを新しく買ったんですか？　画面が大きくていいですね。

女性 はい。昨日買ったのですが、すごく軽いんです。一度持ってみますか？

男性 本当に軽いですね。私も今度、こういうのを買ってみようかな。私のノートパソコンは画面が大きくて見る分には快適なのですが、重くて長時間持ち運ぶことができません。

① 女性はノートパソコンをよく持って通います。
② 男性のノートパソコンは画面も小さくて重いです。
❸ 男性は次に軽いノートパソコンを買おうとしています。
④ 女性のノートパソコンは軽いけれど画面が大きくありません。

21 **여자** 공연장에 일찍 도착했네요. 공연이 몇 시에 시작해요?

남자 길이 막히지 않아서 생각보다 빨리 왔네요. 시작하려면 아직 30분 정도 남았어요.

여자 그럼 편의점에서 간단하게 저녁을 먹을까요?

남자 좋아요. 제가 표를 찾아서 거기로 갈게요.

正解 ❸ 남자는 식사 전에 표를 찾으려고 합니다.

21 **女性** コンサート会場に早く到着しましたね。コンサートは何時に始まりますか？

男性 道が混んでいなかったので、思ったより早く着きました。開演までまだ30分くらいありますよ。

女性 じゃあ、コンビニで簡単に夕食を食べましょうか？

男性 いいですね。私がチケットを取ってそこに行きます。

① 公演は30分に始まります。
② 道が混んでいたけれど遅れませんでした。
❸ 男性は食事の前にチケットを取ろうとしています。
④ 2人は公演を見てから夕食を食べようとしています。

[22~24] 다음을 듣고 여자의 중심 생각을 고르십시오.

▶ P. 43

[22~24] 次を聞いて、女性が一番言いたいことは何かを選んでください。

22 **여자** 왜 점심을 안 먹고 바나나를 먹어요?

남자 요즘 살을 빼려고 바나나만 먹고 있어요. 배는 고프지만 살이 빨리 빠져서 좋아요.

여자 한 가지 음식만 먹으면 영양이 부족해서 건강이 나빠져요. 다양한 음식을 먹고 운동을 하면서 천천히 살을 빼야지요.

남자 알겠어요. 내일부터는 건강을 위해서 밥도 먹고 운동도 해 볼게요.

22 **女性** なぜ昼食を食べずにバナナを食べるのですか？

男性 最近、痩せようとバナナばかり食べています。お腹は空くけど、早く痩せられていいんです。

女性 一つの食べ物だけを食べていると、栄養不足で健康を損ねます。いろいろなものを食べたり、運動をしたりしながら、ゆっくり痩せていかないと。

男性 わかりました。明日からは健康のためにごはんも食べて運動もしてみます。

① バナナを食べて運動もすれば痩せます。
② バナナを食べるとダイエットに役立ちます。
❸ 食べ物をバランスよく食べて運動をして痩せなければなりません。

正解 ❸ 음식을 골고루 먹고 운동을 해서 살을 빼야 합니다.

23 남자 금요일인데 퇴근하고 뭐 하실 거예요?

여자 집에 가서 한 주 동안 하지 못한 집안일부터 하려고 해요.

남자 집안일이요? 5일 동안 열심히 일했으니까 오늘은 좀 쉬고 주말에 하세요.

여자 해야 할 일이 있으면 주말에 편하게 쉴 수 없으니까 힘들어도 오늘 할 거예요.

正解 ❹ 해야 할 일을 먼저 하고 주말에 쉬고 싶습니다.

24 남자 왜 2년 동안 회사 일을 쉬려고 해요? 무슨 일이 있어요?

여자 아니요. 대학원에 가서 지금하고 있는 일을 좀 더 공부하려고요.

남자 그런데 지금 나이에 대학원에 가는 건 너무 늦지 않아요?

여자 늦었지만 공부하면 앞으로 일할 때 도움도 되고 다양한 일을 맡을 수 있을 거예요.

正解 ❸ 늦었지만 대학원에 가면 좋은 점이 많습니다.

④ ダイエットをするとき人と一緒に運動をすることはよいです。

23 男性 金曜日ですが退勤したら何をしますか？

女性 家に帰って、1週間できなかった家事からやろうと思います。

男性 家事ですか？ 5日間懸命に仕事したんだから、今日は休んで週末にやってください。

女性 やることがあると週末に落ち着いて休めないから、疲れているけど今日やります。

① 金曜日には家に帰って休まなければなりません。
② 週末には会社に行きたくありません。
③ 家事は平日より週末にする方がよいです。
❹ やらなければならないことは先にしてから週末に休みたいです。

24 男性 なぜ、2年間も仕事を休もうとしているのですか？ 何かあったんですか？

女性 いいえ。大学院に行って、今している仕事についてもっと勉強しようと思います。

男性 でも、今の年齢で大学院に行くのはとても遅くないですか？

女性 遅いけど、勉強しておけばこれから仕事をするときに役立つし、いろんな仕事ができるようになります。

① 2年間休みたいです。
② 今勉強を始めることは遅くありません。
❸ 遅くても大学院へ行けばよい点は多いです。
④ 大学院で他のことについて勉強したいです。

[25~26] 다음을 듣고 물음에 답하십시오. ▶ P. 44

맛있는 비빔냉면을 만들고 싶으세요? 먼저 물이 끓으면 면을 넣으세요. 면은 한 번에 넣지 말고 조금씩 넣으세요. 그리고 면이 다 익으면 찬물이나 얼음물에 바로 넣고 씻으세요. 찬물이 면을 더 맛있게 해 줍니다. 마지막으로 간장, 고추장, 식초, 마늘, 설탕을 넣고 같이 비비면 맛있는 냉면이 완성됩니다. 매운 맛을 좋아하면 고추장을 더 넣으세요.

25 正解 ❹ 비빔냉면을 만드는 방법을 설명하려고

[25~26] 次を聞いて、質問に答えてください。

おいしいビビン冷麺を作ってみたいですか？ まず、お湯を沸かして麺を入れます。麺は一度に入れず、少しずつ入れてください。次に、麺がすべて茹で上がったら冷水か氷水ですぐに洗います。冷たい水は麺をよりおいしくしてくれます。最後に醤油、コチュジャン、酢、にんにく、砂糖を入れて麺と混ぜ合わせれば、おいしい冷麺の出来上がりです。辛いのがお好みなら、コチュジャンをさらに加えてください。

25 女性がなぜこの話をしているのか選んでください。

① ビビン冷麺を食べようとして
② ビビン冷麺を注文しようとして
③ 韓国のコチュジャンを買おうとして

26 正解 ❷ 얼음물에 면을 씻으면 더 맛있습니다.

❹ ビビン冷麺を作る方法を説明しようとして

26 聞いた内容と同じものを選んでください。

① 麺を一度に入れるのがよいです。
❷ 氷水で麺を洗うとさらに美味しくなります。
③ お湯を沸かす前に麺をまず入れておかなければなりません。
④ お湯を沸かすときに氷を入れると麺が美味しくなります。

[27~28] 다음을 듣고 물음에 답하십시오. ▶ P. 45

여자 어서 오세요. 한국백화점입니다. 뭘 도와드릴까요?

남자 여자 친구 선물을 사려고 하는데 주로 어떤 걸 선물하나요?

여자 보통은 화장품이나 구두를 많이 선물하는데 생일 선물 하시는 거예요?

남자 아니요, 여자 친구의 취직을 축하해 주려고요.

여자 여자 친구가 참 기뻐하겠네요. 이 구두는 어떠세요? 신상품인데 디자인도 예쁘고 발도 편해서 인기가 많아요. 오늘까지 백화점 세일 기간이라서 10% 할인도 받으실 수 있고요.

남자 아, 그래요? 제가 여자 친구 발 사이즈를 모르는데 지금 전화해서 확인해 볼게요.

27 正解 ❹ 취직 축하 선물로 구두를 사는 것에 대해

28 正解 ❹ 오늘까지만 10% 싸게 살 수 있습니다.

[27~28] 次を聞いて、質問に答えてください。

女性 いらっしゃいませ。韓国百貨店にようこそ。何をお手伝いしましょうか？

男性 彼女にプレゼントを買いたいのですが、主にどんなものを買えばいいですか？

女性 普通は化粧品や靴を多く贈られますが、誕生日にプレゼントされるものですか？

男性 いいえ、彼女の就職祝いに贈ろうとしています。

女性 彼女はとても喜んでいらっしゃることでしょう。この靴はいかがですか？ 新商品でデザインもかわいいし、履き心地もいいから人気ですよ。今日までセール期間なので、10%引きでお求めいただけます。

男性 あ、そうなんですか？ 僕が彼女の足のサイズを知らないので、今電話して確認してみます。

27 2人が何について話しているのか選んでください。

① 百貨店の位置について
② 品物の価格を値切る方法について
③ 彼女の誕生日プレゼントについて
❹ 就職祝いのプレゼントに靴を買うことについて

28 聞いた内容と同じものを選んでください。

① 彼女は靴が好きです。
② 靴は化粧品より人気があります。
③ 男性は誕生日プレゼントを選んでいます。
❹ 今日までしか10%安く買うことができません。

[29~30] 다음을 듣고 물음에 답하십시오. ▶ P. 46

남자 정희 씨, 우리 사무실에 웬일이세요?

여자 아, 물어볼 게 있어서요. 저스틴 씨, 추석 연휴 때 친구들하고 부산에 여행 가기로 했는데 같이 가실래요?

남자 부산이요? 이름은 많이 들어 봤는데 어떤 곳이에요?

여자 한국의 남쪽에 있는데 바다와 영화 축제로 유명한 관광 도시예요. 서울에서 400km 거리에 있는데 KTX로 가면 서울에서 부산까지 3시간밖에 안 걸려요.

남자 거리는 먼데 생각보다 금방 가네요. 당일에 갔다가 오는 거예요? 비용은 얼마나 들까요?

여자 2박 3일로 가려고요. 교통비와 숙박비, 식사비까지 해서 한 사람당 총 20만 원 정도 들 것 같아요.

남자 추석 때 심심할까 봐 걱정했는데 잘 됐네요. 저도 함께 갈게요.

29 正解 ❷ 여행에 같이 가자고 말하려고

30 正解 ❹ 서울에서 부산까지 KTX로 3시간이 걸립니다.

[29~30] 次を聞いて、質問に答えてください。

男性 ジョンヒさん、私のオフィスでどうされましたか？

女性 ああ、聞きたいことがあったんです。ジャスティンさん、秋夕（チュソク）の連休に友人と釜山に旅行しようとしているのですが、一緒に行きませんか？

男性 釜山ですか？ 名前はたくさん聞きましたが、どんなところなんですか？

女性 韓国の南部にあり、海や映画祭で有名な観光都市です。ソウルから400km離れていますが、KTXで行けばソウルから釜山まで3時間しかかかりません。

男性 遠いですが、思ったよりすぐに行けますね。日帰りですか？ 費用はいくらかかりますか？

女性 2泊3日で行きます。交通費、宿泊費、食費まで含めて、1人あたり計20万ウォンくらいだと思います。

男性 秋夕のとき、退屈するのではないかと心配したのですが、よかったです。私も一緒に行きます。

29 聞いた内容と同じものを選んでください。

① 釜山の観光案内をお願いしようとして
❷ 旅行へ一緒に行こうと言おうとして
③ 高速鉄道の切符の予約をお願いしようとして
④ 旅行の日程と費用を確認しようとして

30 聞いた内容と同じものを選んでください。

① 女性は釜山から3日間寝ます。
② 男性は秋夕に予定があります。
③ 女性は釜山へ高速バスに乗って行きます。
❹ ソウルから釜山までKTXで3時間かかります。

リーディング問題文の翻訳

[31~33] 무엇에 대한 내용입니까? 〈보기〉와 같이 알맞은 것을 고르십시오. ▶ P. 47

보기

아버지는 의사입니다. 어머니는 은행원입니다.

① 주말　❷ 부모　③ 병원　④ 오빠

31 소금은 짭니다. 김치는 맵습니다.

正解 ❶ 맛

32 나는 서울에서 자랐습니다. 친구는 부산에서 자랐습니다.

正解 ❸ 고향

33 저는 버스를 타고 출근합니다. 제 동료는 지하철로 회사에 갑니다.

正解 ❷ 교통

[31~33] 何に関する話ですか？《例》のように適切なものを選んでください。

例

私の父は医師です。私の母は銀行員です。

① 週末　❷ 両親
③ 病院　④ 兄（女性から見た）

31 塩はしょっぱいです。キムチは辛いです。

❶ 味
② 食べ物
③ 料理
④ 野菜

32 私はソウルで育ちました。友人は釜山で育ちました。

① 国
② 家族
❸ 故郷
④ 友人

33 私はバスに乗って出勤します。私の同僚は地下鉄で会社に行きます。

① 場所
❷ 交通
③ 旅行
④ 休暇

[34~39] 〈보기〉와 같이 (　)에 들어갈 말로 가장 알맞은 것을 고르십시오. ▶ P. 48~49

보기

저는 (　)에 갔습니다. 책을 샀습니다.

① 극장　❷ 서점　③ 공원　④ 세탁소

34 눈이 나쁩니다. (　　)을 씁니다.

正解 ❹ 안경

35 밖이 시끄럽습니다. 그래서 창문을 (　　).

正解 ❹ 닫았습니다

[34~39] 《例》のように（　）に入る最も適切なものを選んでください。

例

私は(　)に行きました。本を買いました。
① 劇場　❷ 書店
③ 公園　④ クリーニング屋

34 目が悪いです。（　）をかけます。

① 傘
② 辞書
③ 帽子
❹ 眼鏡

35 外が騒がしいです。だから、窓を（　）。

① 消しました
② 開けました
③ 掃除します
❹ 閉めました

36 친구한테서 선물을 받았습니다. 선물이 마음에 (　　).

正解 ❶ 듭니다

37 결혼식에 손님이 많이 왔습니다. 400명(　　) 왔습니다.

正解 ❸ 이나

38 집에 큰 창문이 많습니다. 집이 매우 (　　).

正解 ❶ 밝습니다

39 저는 식사 후에 바로 이를 (　　). 그래서 이가 건강합니다.

正解 ❷ 닦습니다

36 友人からプレゼントをもらいました。プレゼントが気に（　）。

❶ 入ります
② うれしいです
③ よいです
④ きれいです

37 結婚式にはお客さんがたくさん来ました。400名(　) 来ました。

① ～だけ
② ～も (来ませんでした)
❸ ～も (来ました)
④ ～しか

38 家に大きな窓がたくさんあります。家がとても（　）。

❶ 明るいです
② 高いです
③ 広いです
④ きれいです

39 私は食後にすぐ歯を（　）。なので、歯が健康です。

① 使います
❷ 磨きます
③ 洗います
④ 食べます

[40~42] 다음을 읽고 맞지 않는 것을 고르십시오. ▶ P. 50~51

40

〈120 다산 콜센터〉

한국 생활이 힘드십니까? 120번으로 전화하세요.
친절하게 안내해 드립니다.
–24시간 빠른 안내
–호텔, 식당 예약, 관광 안내, 교통 정보, 수도 요금, 세금 안내
–한국어, 영어, 중국어, 일본어, 베트남어, 몽골어 안내

正解 ❶ 밤 12시까지만 안내합니다.

[40~42] 次を読んで、正しくないものを選んでください。

40

<120 ダサン・コールセンター>

韓国での生活は大変ですか？　120番に電話してください。
親切にご案内いたします。
- 24時間迅速な案内
- ホテル・レストラン予約、観光案内、交通案内、水道料金、税金案内など
- 韓国語、英語、中国語、日本語、ベトナム語、モンゴル語での案内

❶ 夜12時までだけ案内します。
② コールセンターの電話番号は120です。
③ 韓国語と外国語で案内します。
④ 午前でも電話することができます。

41

[초대장]

결혼합니다. 오셔서 축하해 주세요.

신랑: 김 상 민 신부: 정 유 리

날짜: 11월 11일 토요일 12시

장소: 사랑예식장 3층

* 주차장이 좁습니다. 버스나 지하철을 이용해 주십시오.

正解 ❸ 주차장이 없어서 버스를 타야 합니다.

42

〈여름 에어컨 사용 안내〉

1. 두 달에 한 번 청소하십시오.
2. 온도는 25도 이상이 좋습니다.
3. 에어컨을 켤 때는 창문을 닫으십시오.
4. 점심시간이나 사람이 없을 때는 에어컨을 끄십시오.

正解 ❷ 온도는 25도 아래가 좋습니다.

41

[招待状]

結婚します。お祝いにいらしてください。

新郎：キム・サンミン

新婦：チョン・ユリ

日時：11月11日 土曜日 12時

会場：サラン結婚式場3階

* 駐車場が狭いです。バスや地下鉄をご利用ください。

① 結婚式場の３階で結婚します。

② 人々を結婚式へ招待します。

❸ 駐車場がないのでバスに乗らなければなりません。

④ サラン結婚式場は江南（カンナム）駅２番出口の近くにあります。

42

<夏場のエアコンの使用案内>

1. 2か月に一度は掃除してください。
2. 温度は25度以上がよいです。
3. エアコンをつけるときは、窓を閉めてください。
4. 昼休みや人がいないときはエアコンを切ってください。

① 2か月に一度掃除します。

❷ 温度は25度より下がよいです。

③ 昼休みにはエアコンをつけないでください。

④ エアコンをつけるときは窓を開けません。

[43~45] 다음을 읽고 내용이 같은 것을 고르십시오.

▶ P. 52~53

43 저는 야구를 좋아합니다. 롯데 팀의 팬이라서 시간이 있을 때마다 야구장에 가서 응원합니다. 지난 토요일에는 텔레비전으로 경기를 봤는데 우리 팀이 져서 슬펐습니다.

正解 ❸ 지난 토요일에 롯데 팀이 졌습니다.

44 인사동에는 한국 전통 음식점과 찻집이 많습니다. 그래서 외국인들에게 관광 코스로 인기가 많습니다. 외국인 친구가 한국에 오면 이곳에 같이 가십시오.

正解 ❹ 인사동에 가면 한국 전통 음식을 먹을 수 있습니다.

[43~45] 次を読んで、内容が一致するものを選んでください。

43 私は野球が好きです。ロッテファンなので、時間があるときは野球場に行って応援します。先週の土曜日にはテレビで観戦しましたが、チームが負けてしまい、悲しかったです。

① 土曜日ごとに野球場へ行きます。

② 時間があれば野球をします。

❸ 先週の土曜日にロッテチームが負けました。

④ 先週の土曜日に野球場へ行きました。

44 仁寺洞（インサドン）には、韓国の伝統料理店や茶屋がたくさんあります。そのため、外国人に観光コースとして人気があります。外国人の友人が韓国を訪れたら、この場所に一緒に行ってください。

45 내일은 부모님의 결혼기념일입니다. 축하해 드리려고 영화표를 2장 예매하고 전망이 좋은 식당도 예약했습니다. 두 분이 내일 즐거운 시간을 보내면 좋겠습니다.

正解 ❷ 부모님은 내일 식당에 가실 겁니다.

① 仁寺洞に外国人たちが多く住んでいます。
② 外国人の友人と一緒に仁寺洞へ行きました。
③ 仁寺洞は韓国人にも人気が多いです。
❹ 仁寺洞へ行けば韓国の伝統料理を食べることができます。

45 明日は両親の結婚記念日です。お祝いしようと映画のチケット2枚と展望が良いレストランを予約しました。2人が明日楽しい時間を過ごせるといいなと思います。

① 父はレストランを予約なさいました。
❷ 両親は明日レストランへ行きます。
③ 私と母は明日映画を観ます。
④ 私は両親と楽しい時間を過ごしました。

[46~48] 다음을 읽고 중심 내용을 고르십시오. ▶ P. 54~55

46 토요일에 운동장에서 빨간 가방을 잃어버렸습니다. 가방을 보신 분은 전화 주십시오. 비싸지 않지만 저에게 소중한 물건입니다.

正解 ❶ 가방을 찾고 싶습니다.

47 저는 지난주에 미용실에서 염색을 했습니다. 그런데 색이 밝아서 얼굴과 어울리지 않습니다. 내일 어두운색으로 바꿀 겁니다.

正解 ❷ 머리 색이 마음에 들지 않습니다.

48 저는 힘든 일이 생기면 낚시를 하러 갑니다. 낚시를 하면서 멋진 경치도 보고 잡은 생선으로 요리도 해 먹으면서 안 좋은 생각을 잊어버리면 기분이 다시 좋아집니다.

正解 ❶ 낚시를 하면 행복해집니다.

[46~48] 次を読んで、一番言いたいことは何かを選んでください。

46 土曜日に運動場で赤いカバンを失くしました。カバンを見かけた方は電話してください。高価なものではありませんが、私にとって大切なものです。

❶ カバンを見つけたいです。
② カバンは大切なものです。
③ カバンを失くして悲しいです。
④ 赤いカバンをまた買いたいです。

47 私は先週、美容院で髪を染めました。しかし、色が明るくて顔に合いません。明日、暗い色に変えようと思います。

① 髪型を変えたいです。
❷ 髪色が気に入っていません。
③ 私は美容室へこまめに行きたいです。
④ 私は1週間に一度美容室へ行きます。

48 私はつらいことがあると釣りをしに行きます。釣りをしながらいい景色を眺め、釣った魚を料理して食べると、よくない考えを忘れて、気分がまたよくなります。

❶ 釣りをすると幸せになります。
② 釣りをしに行きたいです。
③ 釣り場は本当にすてきです。
④ 釣りをするとき考え事をたくさんします。

[49~50] **다음을 읽고 물음에 답하십시오.** ▶ P. 56

봄에는 '황사'라는 먼지바람이 한국으로 불어와서 공기가 나빠집니다. 이때 공기를 많이 마시면 먼지가 몸에 남기 때문에 공기가 나쁜 날에는 밖에 나가지 않는 것이 좋습니다. 밖에 나가야 할 때는 마스크를 꼭 써야 합니다. (㉠) 집에 들어가기 전에 먼지를 털고, 들어가면 샤워 후 깨끗한 옷으로 갈아입으십시오. 물을 자주 마셔서 나쁜 먼지가 몸 밖으로 나가게 하십시오.

49 正解 ❹ 외출 후

50 正解 ❸ 물을 마시면 먼지를 몸에서 내보내는 데 도움이 됩니다.

[49~50] **次を読んで、質問に答えてください。**

春には「黄砂」と呼ばれる砂ぼこりの風が吹いてきて、空気が悪くなります。このときの空気をたくさん吸い込むと、ほこりが体内に残るので、空気の悪い日には外に出ないのがいいです。外に出なければならないときは、マスクを必ずしなければなりません。(㉠) 家に入る前にほこりを払い、入ったらシャワーを浴びて清潔な服に着替えてください。こまめに水を飲んで、有害なほこりを体の外に出してください。

49 ㉠に入る適切な言葉を選んでください。

① 休息後
② 確認後
③ 訪問後
❹ 外出後

50 上の文の内容と一致するものを選んでください。

① 黄砂は韓国で始まる風です。
② 家に帰ったらすぐに休息をとることがよいです。
❸ 水を飲めばほこりを体から出すのに役立ちます。
④ 空気がよくない日には室内でもマスクをしなければなりません。

[51~52] **다음을 읽고 물음에 답하십시오.** ▶ P. 57

저는 방학 때마다 시골에 계시는 할아버지 댁에 갑니다. 할아버지는 집 마당에서 오이와 감자를 키우십니다. 시골에는 '5일 시장'이 있어서 5일에 한 번씩 시장을 엽니다. 우리 할아버지도 5일 시장에 가서 채소를 파십니다. 이곳에서는 자기가 직접 키우거나 만든 것을 팝니다. 그래서 이곳의 물건들은 (㉠) 모양이 없고 가격도 다 다릅니다. 저는 이 시장을 구경하는 것이 참 즐겁습니다.

51 正解 ❸ 똑같은

52 正解 ❶ 시골 5일 시장 소개

[51~52] **次を読んで、質問に答えてください。**

私はお休みのたびに田舎にいる祖父の家に行きます。祖父は庭でキュウリとジャガイモを育てています。田舎には「五日市」があって、5日に1回ずつ市場を開きます。祖父も五日市に行って、野菜を売っています。ここでは自分が直接育てたり、作ったりしたものを売るのです。だから、ここのものは (㉠) 形がないし、価格もすべて異なります。私はこの市場を見て回るのがとても楽しいです。

51 ㉠に入る適切な言葉を選んでください。

① 異なる
② 新しい
❸ 全く同じ
④ 特別な

52 何についての内容なのか正しいものを選んでください。

❶ 田舎の五日市の紹介
② キュウリやジャガイモを育てること
③ 祖父の趣味の紹介
④ お休み中の計画の紹介

[53~54] 다음을 읽고 물음에 답하십시오. ▶ P. 58

단것을 자주 먹으면 더 강한 단맛을 찾게 돼서 음식에 설탕을 많이 넣게 됩니다. 그러나 많은 양의 설탕을 먹는 것은 건강에 위험합니다. 요리할 때 (㉠) 설탕 대신에 단 과일이나 야채를 넣으십시오. 슈퍼마켓에서 파는 과일 주스에도 설탕이 많이 들어있으니까 차나 물을 마시고 단것을 마시고 싶을 때는 과일 주스를 직접 만들어 마시는 게 좋습니다.

53 正解 ❹ 단맛이 필요하면

54 正解 ❸ 설탕을 많이 먹으면 점점 더 많이 먹게 됩니다.

[53~54] 次を読んで、質問に答えてください。

甘いものを頻繁に食べると、より強い甘味を欲するようになり、食べ物に砂糖をたくさん入れるようになります。しかし、多量の砂糖を摂ることは健康にとって危険です。料理をするときは（ ㉠ ）砂糖の代わりに甘い果物や野菜を入れてください。スーパーで売っているフルーツジュースにも砂糖がたくさん入っているので、お茶や水を飲んで、甘いものが飲みたいときはフルーツジュースを直接作って飲むのがよいでしょう。

53 ㉠に入る適切な言葉を選んでください。
① 砂糖が高ければ
② 砂糖が嫌いであれば
③ 甘味が嫌いであれば
❹ 甘味が必要であれば

54 上の文の内容と一致するものを選んでください。
① 砂糖を少し食べると甘味を欲しくなります。
② 砂糖の代わりに果物を入れればもっと美味しいです。
❸ 砂糖を多く食べるとだんだん多く食べるようになります。
④ 甘いものを飲みたければスーパーで売っているフルーツジュースを召し上がってください。

[55~56] 다음을 읽고 물음에 답하십시오. ▶ P. 59

텔레비전은 좋은 점이 있습니다. 뉴스를 알 수 있고 재미있는 방송을 보면서 스트레스도 풀 수 있습니다. (㉠) 나쁜 점도 적지 않습니다. 텔레비전을 보는 데 긴 시간을 사용하면 가족들과 이야기하는 시간이 짧아지고 생각하는 시간이 없어집니다. 또 아이들이 텔레비전에 나오는 나쁜 말을 따라 할 수도 있습니다.

55 正解 ❷ 그러나

56 正解 ❹ 아이들이 텔레비전을 보고 나쁜 말을 배울 수 있습니다.

[55~56] 次を読んで、質問に答えてください。

テレビには良い点があります。ニュースを知ることができたり、面白い放送を見ながらストレスも解消できたりします。（ ㉠ ）、悪い点も少なくありません。テレビを見るのに長い時間を使いすぎると、家族と話す時間が短くなったり、考える時間がなくなったりします。それに、子どもたちがテレビで使われている悪い言葉を真似することもできます。

55 ㉠に入る適切な言葉を選んでください。
① それでは
❷ しかし
③ そして
④ それで

56 上の文の内容と一致するものを選んでください。
① 子どもたちはテレビを見るとストレスを受けます。
② 家族と話すと考える時間がなくなります。
③ 家族はテレビを見ながらもっとたくさん話をします。
❹ 子どもたちはテレビを見て悪い言葉を学ぶことができます。

[57~58] 다음을 순서에 맞게 배열한 것을 고르십시오.

▶ P. 60~61

57

(가) 그런데 친구가 준 초대장을 잃어버렸습니다.

(나) 친구가 저에게 생일 파티 초대장을 줬습니다.

(다) 친구의 생일 파티에 가서 생일을 축하해 주었습니다.

(라) 그래서 친구에게 전화해서 파티 장소와 시간을 물어봤습니다.

正解 ❹ (나) - (가) - (라) - (다)

58

(가) 그중에서 제일 인기가 많은 음식은 삼계탕입니다.

(나) 그래서 사람들은 건강에 좋은 음식을 많이 찾습니다.

(다) 한국의 여름은 더워서 조금만 움직여도 피곤해집니다.

(라) 삼계탕으로 유명한 식당은 예약하지 않으면 자리가 없습니다.

正解 ❸ (다) - (나) - (가) - (라)

[57~58] 次を順番に正しく並べたものを選んでください。

57

(가) しかし、友人がくれた招待状を失くしてしまいました。

(나) 友人が私に誕生日パーティーの招待状をくれました。

(다) 友人の誕生日パーティーに行き、誕生日をお祝いしてあげました。

(라) そこで、友人に電話をして、パーティーの会場と時間を尋ねました。

58

(가) その中で一番人気が多い食べ物は参鶏湯です。

(나) それで人々は健康によい食べ物をたくさん探します。

(다) 韓国の夏は暑いので少しだけ動いても疲れます。

(라) 参鶏湯で有名な食堂は予約をしないと席がありません。

[59~60] 다음을 읽고 물음에 답하십시오.

▶ P. 62

여행을 떠날 때는 이것저것 준비해야 할 것이 많습니다. (㉠) 필요한 것을 모두 가지고 갈 수 있다면 좋을 것입니다. (㉡) 특히 배낭여행을 할 때에 짐이 많으면 몸이 금방 피곤해져서 여러 곳을 구경할 수 없게 됩니다. (㉢) 짐을 가볍게 싸는 것이 즐거운 여행을 하는 좋은 방법입니다. (㉣)

59 正解 ❷ ㉡

60 正解 ❷ 즐거운 여행을 하려면 짐이 가벼워야 합니다.

[59~60] 次を読んで、質問に答えてください。

旅行に出るときは、あれこれ準備しなければならないものが多いです。(㉠) 必要なものを全部持っていくことができたらいいものです。(㉡) 特にバックパッカー旅行をするときに荷物が多いと、身体がすぐ疲れて、いろいろな場所を見学することができなくなります。(㉢) 荷物を軽くすることが楽しい旅行をする良い方法です。(㉣)

59 次の文が入るところを選んでください。

しかし、荷物が重くなると旅行が大変になりやすいです。

60 上の文の内容と一致するものを選んでください。

① バックパッカー旅行は違う旅行より疲れます。
❷ 楽しい旅行をするには荷物を軽くしなければなりません。
③ バックパッカー旅行はたくさんの場所を見学できてよいです。
④ 旅に出るとき必要なものをすべて持っていかなければなりません。

[61~62] **다음을 읽고 물음에 답하십시오.** ▶ P. 63

요즘 여의도역에서는 점심시간마다 작은 음악회가 열리고 있습니다. 이 음악회는 서울시가 근처 직장인들을 위해 준비한 것으로 전통 음악부터 K-Pop까지 매일 다른 다양한 음악을 들을 수 있어서 (㉠). 또 미리 홈페이지에 신청한 직장인들은 직접 무대에 올라가서 공연을 할 수 있습니다.

61 正解 ❹ 지루하지 않습니다

62 正解 ❸ 공연을 하고 싶으면 미리 신청을 해야 합니다.

[61~62] 次を読んで、質問に答えてください。

最近、汝矣島（ヨイド）駅では昼休みになると小さなコンサートが開かれています。このコンサートは、ソウル市が近隣の会社員のために用意したもので、伝統音楽からK-POPまで、毎日異なる多様な音楽を聞くことができるので（ ㉠ ）。また、事前にホームページで申請した会社員は、直接舞台に上がって公演することができます。

61 ㉠に入る適切な言葉を選んでください。

① 忙しくありません
② 遅くありません
③ 重くありません
❹ 退屈ではありません

62 上の文の内容と一致するものを選んでください。

① 歌手や演奏者だけが公演をすることができます。
② このコンサートはすべての地下鉄の駅で開かれます。
❸ 公演をしたければ事前に申請をしなければなりません。
④ 会社員たちが地下鉄の駅でコンサートを始めました。

[63~64] **다음을 읽고 물음에 답하십시오.** ▶ P. 64

학생 여러분, 안녕하십니까? 한글날에 대강당에서 '제3회 외국인 한국어 말하기 대회'를 합니다. 외국인 유학생들이 자기의 한국 생활 이야기를 3분 정도 말하는 대회입니다. 대회는 10월 9일 9시에 시작해서 11시에 끝납니다. 대회에 오셔서 유학생들의 이야기를 들어 주십시오. 대회 후에는 함께 비빔밥을 만들어서 식사하려고 합니다. 식사비는 무료입니다.

63 正解 ❷ 말하기 대회 참석을 부탁하려고

64 正解 ❶ 한글날은 10월 9일입니다.

[63~64] 次を読んで、質問に答えてください。

学生の皆さん、こんにちは。ハングルの日に大講堂で「第3回外国人韓国語スピーチコンテスト」を開催します。外国人留学生たちが自分の韓国での生活を3分程度で話すコンテストです。コンテストは10月9日の9時に始まって、11時に終わります。コンテストに来て、留学生たちの話を聞いてください。コンテストの後には、一緒にビビンバを作って食べます。食事代は無料です。

63 なぜ上の文を書いたのか正しいものを選んでください。

① 参加者に場所を案内するため
❷ スピーチコンテストへの出席をお願いするため
③ スピーチコンテストの申請を確認するため
④ 参加者に時間を案内するため

64 上の文の内容と一致するものを選んでください。

❶ ハングルの日は10月9日です。
② ビビンバを食べたければお金を払わないといけません。
③ 前に韓国語スピーチコンテストは3回行われました。
④ コンテストの後にはビビンバを売っている食堂へ行きます。

[65~66] **다음을 읽고 물음에 답하십시오.** ▶ P. 65

요즘은 냉장고를 사용하기 때문에 계절에 관계없이 신선한 음식을 먹을 수 있습니다. 그러나 옛날에는 냉장고가 없어서 온도가 높은 여름에는 음식을 오래 보관할 수 없었습니다. 그래서 채소나 과일은 말리고 고기나 생선같이 (㉠) 재료는 소금을 많이 넣어서 짜게 만든 후 보관하였습니다.

65 正解 ❸ 상하기 쉬운

66 正解 ❹ 요즘은 여름에도 신선한 음식을 먹을 수 있습니다.

[65~66] **次を読んで、質問に答えてください。**

最近は冷蔵庫を使うので、季節に関係なく新鮮な食べ物を食べることができます。しかし、昔は冷蔵庫がなかったため、気温が高い夏には食べ物を長く保存することができませんでした。そのため、野菜や果物は乾燥させ、肉や魚などの(㉠)食材は塩をたくさん加えて塩辛くしてから保存していました。

65 ㉠に入る適切な言葉を選んでください。

① 冷たい
② 温度が高い
❸ 傷みやすい
④ 長く食べることができる

66 上の文の内容と一致するものを選んでください。

① 魚と肉は乾かして保存します。
② 食べ物に塩を入れると温度が低くなります。
③ 最近は冬にだけ新鮮な食べ物を食べることができます。
❹ 最近は夏でも新鮮な食べ物を食べることができます。

[67~68] **다음을 읽고 물음에 답하십시오.** ▶ P. 66

저는 날마다 지하철로 출근하는데 평일 아침 7시부터 9시까지는 빈자리가 없어서 서서 갈 때가 많습니다. 그래서 저는 앉아서 가려고 아침 6시쯤 지하철을 탑니다. 일찍 일어나는 것이 (㉠) 편하게 갈 수 있어서 좋습니다. 보통 라디오를 들으면서 가는데 재미있는 이야기를 듣다가 내려야 할 역을 지나쳐서 지각을 한 적도 있습니다.

67 正解 ❶ 힘들지만

68 正解 ❷ 6시쯤에는 지하철에 빈자리가 있습니다.

[67~68] **次を読んで、質問に答えてください。**

私は毎日地下鉄で通勤していますが、平日の朝7時から9時までは席が空いていないため、立って行くときが多いです。そのため、私は座って行くために朝6時ごろ地下鉄に乗ります。早く起きることは（ ㉠ ）、快適に通勤できるのでよいです。普段ラジオを聞きながら行きますが、面白い話を聞いていて降りなければならない駅を通り過ぎて仕事に遅刻したこともあります。

67 ㉠に入る適切な言葉を選んでください。

❶ 大変だけれど
② 大変だから
③ 大変ではないので
④ 大変なために

68 上の文の内容と一致するものを選んでください。

① 会社に毎日遅刻します。
❷ 6時頃には地下鉄に空席があります。
③ スマートフォンを見ることは面白いです。
④ この人は普通7時から9時の間に出勤します。

[69~70] 다음을 읽고 물음에 답하십시오. ▶ P. 67

저는 한국에 온 지 한 달밖에 안 되었습니다. 오늘 한국 통장을 만들러 처음으로 은행에 갔습니다. 번호표를 받고 20분 정도 기다린 후에 은행원이 제 번호를 불러서 창구로 갔습니다. 한국어가 서투르기 때문에 긴장됐습니다. (㉠) 할 말을 미리 연습했는데 은행원이 제 말을 잘 들어 주고 친절하게 도와줘서 통장을 만들 수 있었습니다. 앞으로도 계속 이 은행을 이용할 생각입니다.

69 正解 ❹ 실수하지 않으려고

70 正解 ❷ 한국어가 서툴러도 통장을 만들 수 있었습니다.

[69~70] 次を読んで、質問に答えてください。

私は韓国に来てから1か月しか経っていません。今日韓国の口座を作ろうと初めて銀行に行きました。番号札を取って20分くらい待った後に、銀行員が私の番号を呼んだので、窓口に行きました。韓国語が下手なので、緊張しました。(㉠) 話すことを事前に練習したのですが、銀行員が私の言うことをよく聞いてくださり、親切に手伝ってくださったので、口座を開設することができました。これからもずっとこの銀行を利用するつもりです。

69 ㉠に入る適切な言葉を選んでください。

① 失敗したら
② 失敗するために
③ 失敗したみたいで
❹ 失敗しないように

70 上の文の内容からわかることを選んでください。

① 番号札をもらうのに20分くらいかかります。
❷ 韓国語が苦手でも口座を開設することができました。
③ 口座を開設するには韓国語をたくさん練習しなければなりません。
④ 韓国へ来て1か月後から口座を開設することができます。

PART 3 模擬試験 1

正解

＊数字は左から問題番号、丸数字は正答、カッコ内の数字は配点です。

듣기 ▸P. 70~77

1. ① (4) 2. ③ (4) 3. ② (3) 4. ② (3) 5. ④ (4) 6. ③ (3) 7. ② (3)
8. ① (3) 9. ③ (3) 10. ② (4) 11. ④ (3) 12. ② (3) 13. ③ (4) 14. ② (3)
15. ④ (4) 16. ③ (4) 17. ① (3) 18. ② (3) 19. ③ (3) 20. ③ (3) 21. ① (3)
22. ④ (3) 23. ② (3) 24. ② (3) 25. ③ (3) 26. ② (4) 27. ③ (3) 28. ① (4)
29. ② (3) 30. ④ (4)

읽기 ▸P. 78~91

31. ③ (2) 32. ① (2) 33. ④ (2) 34. ③ (2) 35. ④ (2) 36. ② (2) 37. ④ (3)
38. ③ (3) 39. ① (2) 40. ④ (3) 41. ④ (3) 42. ② (3) 43. ② (3) 44. ③ (2)
45. ① (3) 46. ② (3) 47. ③ (3) 48. ④ (2) 49. ③ (2) 50. ① (2) 51. ③ (3)
52. ② (2) 53. ④ (2) 54. ③ (3) 55. ① (2) 56. ③ (3) 57. ② (3) 58. ① (2)
59. ② (2) 60. ④ (3) 61. ① (2) 62. ③ (2) 63. ③ (2) 64. ① (3) 65. ② (2)
66. ④ (3) 67. ③ (3) 68. ④ (3) 69. ③ (3) 70. ② (3)

リスニング台本

問 1 ～ 30 はリスニング問題です。それぞれの問題を注意深く聞いて、質問に対する最も適切な答えを選んでください。各問題は 2 回読まれます。

[1~4] 다음을 듣고 〈보기〉와 같이 물음에 맞는 대답을 고르십시오.

▶ P. 70

보기

가 공부를 해요?
나 ______________

❶ 네, 공부를 해요.　② 아니요, 공부예요.
③ 네, 공부가 아니에요.　④ 아니요, 공부를 좋아해요.

1 남자 남편이 회사원이에요?

正解 ❶ 네, 회사원이에요.

解説 女性の夫が会社員であれば、「네, 회사원이에요. (はい、会社員です)」と答えます。そうでない場合は、「아니요, 회사원이 아니에요. (いいえ、会社員ではありません)」と答えます。

2 여자 한국 친구가 많아요?

正解 ❸ 네, 친구가 많아요.

解説 友達が多い場合は、「네, 많아요. (はい、多いです)」と答えます。そうでない場合は、「아니요, 안 많아요./적어요./ 없어요. (いいえ、多くありません／少ないです／いません)」と答えましょう。

3 남자 무슨 음식을 좋아해요?

正解 ❷ 김밥을 좋아해요.

解説 「무슨 (何の)」は、食べ物の種類や名前を聞くときに使う疑問詞です。したがって、「(食べ物の種類や名前)을/를 좋아해요. (～が好きです)」と答えます。

4 여자 집에 어떻게 갈 거예요 ?

正解 ❷ 버스를 탈 거예요.

解説 「어떻게 (どうやって)」は、何かをするための手段について尋ねるときに使う疑問詞です。女性は、家に帰るための交通手段を聞いており、バスは交通手段です。

[1~4] 次を聞いて、《例》のように質問に合った答えを選んでください。

例

가 勉強しますか？
나 ______________

❶ はい、します。
② いいえ、勉強です。
③ はい、勉強ではありません。
④ いいえ、勉強が好きです。

1 男性 ご主人は会社員ですか？

❶ はい、会社員です。
② いいえ、会社員がいます。
③ はい、会社員ではありません。
④ いいえ、会社員が多いです。

2 女性 韓国人の友達は多いですか？

① はい、友達がいません。
② いいえ、友達がいます。
❸ はい、友達が多いです。
④ いいえ、友達に会います。

3 男性 何の食べ物が好きですか？

① ピザを食べます。
❷ キンパが好きです。
③ 食べ物が好きです。
④ ビビンバを食べました。

4 女性 家にどうやって帰りますか？

① 友達と行きます。
❷ バスに乗ります。
③ 来週に行きます。
④ 弟(妹)に会いに行きます。

[5~6] 다음을 듣고 〈보기〉와 같이 이어지는 말을 고르십시오.

▶ P. 71

보기

가 늦어서 미안해요.

나 ________________

① 고마워요. ❷ 아니에요.
③ 죄송해요. ④ 부탁해요.

5 여자 이 선생님 좀 바꿔 주세요.

正解 ❹ 네, 잠깐만 기다리세요.

解説 誰かに代わってほしいと言われたときは「잠깐만 기다리세요. (少々お待ちください)」と言うべきでしょう。

6 남자 맛있게 드세요.

正解 ❸ 네, 잘 먹겠습니다.

解説 食事の前に「맛있게 드세요. (おいしく召し上がってください)」と言われたときの返事は、「맛있게 드세요. (おいしく召し上がってください)」または「잘 먹겠습니다. (いただきます)」です。

[5~6] 次を聞いて、《例》のように後ろに続く表現を選んでください。

例

가 遅れて申し訳ありません。

나 ________________

① ありがとうございます。
❷ いえいえ。
③ 申し訳ありません。
④ お願いします。

5 女性 イ先生とちょっと代わってください。

① はい、そうです。
② はい、またかけます。
③ はい、申し訳ございません。
❹ はい、少々お待ちください。

6 男性 おいしく召し上がってください。

① はい、大丈夫です。
③ はい、失礼いたします。
❸ はい、いただきます。
④ はい、ごちそうさまでした。

[7~10] 여기는 어디입니까? 〈보기〉와 같이 알맞은 것을 고르십시오.

▶ P. 71~72

보기

가 내일까지 숙제를 꼭 내세요.

나 네, 선생님.

① 빵집 ② 호텔
❸ 교실 ④ 병원

7 남자 이 구두를 신어 볼 수 있어요?

여자 네, 발 사이즈가 어떻게 되세요?

正解 ❷ 신발 가게

解説 靴や足のサイズなどの言葉から判断すると、会話は靴屋さんで行われているようです。

8 남자 언제부터 아팠어요?

여자 어제 아침부터요. 오늘은 목도 아프고 콧물도 나요.

正解 ❶ 병원

解説 男性が女性に病気の期間を尋ね、女性が症状を話していることから、この会話の舞台は病院であることが推測できます。

[7~10] ここはどこですか？《例》のように適切なものを選んでください。

例

가 明日までに宿題を必ず提出してください。

나 はい、先生。

① パン屋 ②ホテル
❸ 教室 ④病院

7 男性 この靴を履いてみてもいいですか？

女性 はい、足のサイズはおいくつですか？

① 服屋
❷ 靴屋
③ 帽子屋
④ カバン屋

8 男性 いつから具合が悪いのですか？

女性 昨日の朝からです。今日は喉も痛くて、鼻水も出ています。

❶ 病院
② 公園
③ 学校
④ 食堂

9 남자 노트북은 몇 층에서 팔아요?
여자 엘리베이터를 타고 4층으로 가세요.

正解 ❸ 전자 상가

解説 ノートパソコン売り場はどこかと聞いていることから、会話の舞台は家電量販店であるとわかります。

9 男性 ノートパソコンは何階で売っていますか?
女性 エレベーターに乗って4階に行ってください。

① 文具店
② コンビニ
❸ 家電量販店
④ エレベーター

10 여자 경복궁에 가는데 어디에서 내려요?
남자 벨을 누르고 다음 정류장에서 내리세요.

正解 ❷ 버스

解説 男性は女性に降りる場所と方法を伝えているので、この会話はバスの中で行われていると推測できます。

10 女性 景福宮に行くのですがどこで降りればいいですか?
男性 ベルを押して、次の停留所で降りてください。

① タクシー
❷ バス
③ 停留場
④ 地下鉄

[11~14] 다음은 무엇에 대해 말하고 있습니까? 〈보기〉와 같이 알맞은 것을 고르십시오. ▶ P. 72

보기

가 이 아파트에 살아요?
나 네, 5층에 살아요.

❶ 집 ② 역
③ 주소 ④ 달력

[11~14] 次は何について話していますか?《例》のように適切なものを選んでください。

例

가 このアパートに住んでいますか?
나 はい、5階に住んでいます。

❶ 家 ② 駅
③ 住所 ④カレンダー

11 여자 우리 내일 어디에서 만날까요?
남자 우체국 앞에서 만납시다.

正解 ❹ 장소

解説 「어디(どこ)」は場所について尋ねるときに使う疑問詞で、郵便局は場所の一つです。

11 女性 明日はどこで会いますか?
男性 郵便局の前で会いましょう。

① 手紙
② 時間
③ 日付
❹ 場所

12 여자 크리스마스에 뭘 받고 싶어요?
남자 저는 시계를 받고 싶어요.

正解 ❷ 선물

解説 会話から判断して、男性がクリスマスプレゼントに時計を希望していることがわかります。

12 女性 クリスマスに何が欲しいですか?
男性 私は時計が欲しいです。

① 服
❷ プレゼント
③ 休日
④ 領収書

13 남자 토요일과 일요일에 계획이 있어요?
여자 청소를 하거나 테니스를 치려고 해요.

正解 ❸ 주말

解説 男性が話している土曜日と日曜日は週末で、女性は週末の予定について話しています。

13 男性 土曜日と日曜日に予定がありますか?
女性 家の掃除をするか、テニスをします。

① 仕事
② 趣味
❸ 週末
④ 運動

14 여자 이 사진 속의 사람들은 누구예요?

남자 머리가 긴 사람은 누나고 머리가 짧은 사람은 여동생이에요.

正解 ❷ 가족

解説 男性は「姉と妹」と言っているので、写真の中の家族のことを話しているのだとわかります。

14 女性 この写真の中の人たちは誰ですか？
男性 髪の長い人は姉で、髪の短い人は妹です。

① 髪
❷ 家族
③ 同僚
④ 年齢

[15~16] 다음을 듣고 가장 알맞은 그림을 고르십시오.

▶ P. 73

15 여자 이 꽃을 선물하고 싶은데 회사로 배달이 되나요?

남자 네, 여기에 꽃을 받는 사람의 이름과 주소를 써 주세요.

正解 ❹

解説 女性が特定の花を指差して、男性が女性に紙とペンを渡している絵を選ぶとよいでしょう。

16 남자 밖에 비가 오니까 제 우산을 가지고 가세요.

여자 고마워요. 내일 줄게요. 집에 초대해 줘서 고마워요.

正解 ❸

解説 男性が「밖에 비가 온다. (外で雨が降っています)」と言っていることから判断して、2人が室内にいることがわかります。男性が「우산을 가지고 가라. (傘を持っていって)」と言っているので、男性が女性に傘を渡している絵を選ぶとよいでしょう。

[15~16] 次を聞いて、最も適切な絵を選んでください。

15 女性 この花をプレゼントしたいのですが、会社に届けてもらえますか？
男性 はい、ここに受取人の名前と住所を書いてください。

16 男性 外は雨が降っているので、私の傘を持って行ってください。
女性 ありがとう。明日持ってきます。家にお招きいただきありがとう。

[17~21] 다음을 듣고 <보기>와 같이 대화 내용과 같은 것을 고르십시오.

▶ P. 74~75

보기

가 요즘 한국어를 공부해요?
나 네. 한국 친구한테서 한국어를 배워요.

① 남자는 학생입니다.
② 여자는 학교에 다닙니다.
③ 남자는 한국어를 가르칩니다.
❹ 여자는 한국어를 공부합니다.

[17~21] 次の文章を聞いて、《例》のように会話の内容と一致するものを選んでください。

例

가 最近、韓国語を勉強していますか？
나 はい、韓国人の友達から韓国語を習っています。

① 男性は学生です。
② 女性は学校に通っています。
③ 男性は韓国語を教えています。
❹ 女性は韓国語を勉強しています。

17 남자 이 물건을 중국으로 부치려고 하는데 며칠이나 걸려요?
여자 빠른우편은 일주일, 보통 우편은 3주 정도 걸려요.
남자 빠른우편은 요금이 얼마예요?
여자 3만 원이에요. 보통 우편보다 만 원이 비싸요.

正解 ❶ 보통 우편은 2만 원입니다.

解説 速達郵便は3万ウォンで、普通郵便より1万ウォン高いことから、正解は①です。

18 여자 의자도 쓰레기장에 같이 버리면 되죠?
남자 아니요, 가구는 관리실에 말하고 따로 버려야 해요. 돈을 내야 하거든요.
여자 아, 관리실이 어디에 있는지 아세요?
남자 12동 1층에 있어요. 그런데 지금은 퇴근 시간이 지나서 사람이 없을 거예요.

正解 ❷ 여자는 관리실 위치를 모릅니다.

解説 女性が男性にマンションの管理室の場所を聞いていることから判断して、正解は②です。

19 남자 13일 저녁, 방을 예약하러 왔는데 방이 있나요?
여자 네, 있습니다. 여권 좀 주시겠어요?
남자 제가 여권을 안 가지고 왔는데 여권이 꼭 필요해요?
여자 죄송합니다, 손님의 여권이 없으면 예약을 하실 수 없습니다.

正解 ❸ 방을 예약할 때는 여권이 필요합니다.

解説 女性が言うには、男性はパスポートがないと予約ができないので、正解は③です。

20 남자 평창으로 가는 버스가 몇 시에 있어요?
여자 1시에 출발하는 버스가 있고 30분마다 한 대씩 있어요. 혼자 가세요?
남자 아니요, 4명이에요. 1시 버스에 자리가 있어요?
여자 죄송하지만, 지금 두 자리밖에 없어서요. 다음 버스를 타셔야겠네요.

正解 ❸ 1시 버스에는 두 명만 탈 수 있습니다.

解説 女性が1時発のバスには2席しか空きがないと言っています。よって、正解は③です。

17 男性 この品物を中国に送りたいのですが、何日かかりますか?
女性 速達郵便は1週間、普通郵便は3週間くらいかかります。
男性 速達郵便は料金がいくらですか?
女性 3万ウォンです。普通郵便より1万ウォン高いです。

❶ 普通郵便は2万ウォンです。
② 速達郵便は中国まで3週間かかります。
③ 普通郵便は中国まで1週間かかります。
④ 女性は品物を速達郵便で送ります。

18 女性 椅子もゴミ捨て場に一緒に捨てればいいですよね?
男性 いいえ。家具は管理室に話して、別に捨てなければなりません。お金を払わないといけないんですよ。
女性 あ、管理室はどこにあるか知っていますか?
男性 12棟の1階にあります。でも、今は退勤時間を過ぎているから誰もいないと思います。

① 男性は12棟1階に住んでいます。
❷ 女性は管理室の場所を知りません。
③ 椅子を無料で捨てることができます。
④ ゴミを捨てるときは管理室に言わなければなりません。

19 男性 13日の夜、部屋を予約しようと来たのですが、部屋はありますか?
女性 はい、あります。パスポートをいただけますか?
男性 私がパスポートを持ってきていないのですが、必要でしょうか?
女性 申し訳ございません。お客様のパスポートがないと予約できません。

① 男性はパスポートを失くしました。
② 女性は部屋を予約しようとしています。
❸ 部屋を予約するときはパスポートが必要です。
④ 男性は予約する部屋を確認しに来ました。

20 男性 平昌(ピョンチャン)行きのバスは何時にありますか?
女性 1時発のバスがあって、30分に1本出ています。1人で行くんですか?
男性 いいえ、4人です。1時のバスは席がありますか?
女性 申し訳ありませんが、2席しかありません。次のバスに乗らないといけませんね。

① 男性は2時のバスに乗ろうとしています。

21 여자 거기 중국집이지요? 한국아파트 101동 304호인데요, 짜장면 한 그릇과 탕수육 하나 배달해 주세요.
남자 네, 그런데 지금 주문이 많아서 배달까지 한 시간쯤 기다리셔야 하는데 괜찮으시겠어요?
여자 네, 기다릴게요. 신용 카드로 계산할 수 있어요? 현금이 없어서요.
남자 네, 됩니다. 단말기를 가지고 가겠습니다.

正解 ❶ 중국집은 지금 굉장히 바쁩니다.

解説 「注文が多いので、配達に1時間くらいかかります」と男性が言っていることから判断して、正解は①です。

② 男性は家族と一緒に平昌へ行きます。
❸ 1時のバスには2名だけ乗ることができます。
④ 1時20分に出発するバスがあります。

21 女性 中華料理屋さんですよね？ 韓国アパート101棟304号室にいます。チャジャン麺一皿とタンスユクを1つ配達してください。
男性 はい、でも今注文が多いので、配達までに1時間くらいかかりますが、よろしいですか？
女性 はい、待ちます。クレジットカードで支払えますか？ 現金がないんです。
男性 はい、できます。端末機を持っていきます。

❶ 中華料理屋は今ものすごく忙しいです。
② 注文するのに1時間かかりました。
③ クレジットカード支払いは食堂でのみ可能です。
④ 女性はチャジャン麺を1時間ほど待ちました。

[22~24] 다음을 듣고 여자의 중심 생각을 고르십시오.

▶ P. 75~76

22 여자 지훈 씨, 30분이나 기다렸는데 왜 안 오세요?
남자 세인 씨, 미안해요. 가고 있는데 길이 많이 막히네요. 앞에서 사고가 난 것 같아요.
여자 그랬군요. 제가 지금 회사에 다시 들어가야 하니까 다음에 만나는 게 어때요?
남자 그래요. 다음에 봐요. 정말 미안해요.

正解 ❹ 남자와 다른 날에 만나고 싶습니다.

解説 女性は男性に「今度会いましょう」と言っているので、女性は男性と別の日に会いたいと思っていると推察できます。

[22~24] 次を聞いて、女性が一番言いたいことは何かを選んでください。

22 女性 ジフンさん、30分も待っているのにどうして来ないのですか？
男性 セインさん、ごめんね。向かっているんだけど、道がとても混んでいます。この先で事故があったみたいです。
女性 そうなんですね。私はもう会社に戻らないといけないので、今度お会いするのはどうでしょうか？
男性 そうしましょう。また今度会いましょう。本当にごめんなさい。

① 男性を待ち続けます。
② 男性が遅れたので気分が悪いです。
③ 男性を待たせて申し訳ないです。
❹ 男性と違う日に会いたいです。

23 여자 어제 여기에서 이 가방을 샀어요. 영수증을 버렸는데 교환할 수 있어요?
남자 아, 어제 저녁에 가방을 사셨지요? 그런데 왜 바꾸려고 하세요?
여자 집에 가서 물건을 넣어 봤는데 생각보다 많이 넣을 수 없어서 불편해요.
남자 물건을 많이 가지고 다니시는군요. 이쪽에 큰 가방이 많으니까 골라 보세요.

23 女性 昨日こちらでこのカバンを購入しました。領収書を捨ててしまったのですが、交換できますか？
男性 ああ、昨日の夕方にカバンを買われましたよね？ところで、どうして交換したいんですか？
女性 家に帰って、物を入れてみたのですが、思ったよりあまり入れられなくて不便です。
男性 物をたくさん持って通われているんですね。こっちに大きなカバンがたくさんあるので、選んでください。

正解 ❷ 큰 가방으로 바꾸고 싶습니다.

解説 この女性は、昨日買ったバッグは荷物がたくさん入らないので不便だと言っています。彼女は交換できないかと尋ねているので、もっと大きなバッグに交換したいのだと推測できます。

24 남자 제가 이메일로 보낸 자료를 확인하셨어요?

여자 언제 보냈는데요? 아침에 확인했을 때는 이메일이 없었어요.

남자 이상하네요. 어제 저녁에 보내고 보낸 메일까지 확인했거든요.

여자 제 이메일에 문제가 있는 것 같아요. 팩스로 다시 한번 보내 줄래요?

正解 ❷ 자료를 팩스로 다시 받고 싶습니다.

解説 女性は、男性が送ったメールが届かなかったと言い、もう一度FAXで送ってほしいと男性に頼んでいます。したがって、女性はその書類をもう一度FAXで受け取りたいと考えていることがわかります。

① 領収書をもらいたいです。
❷ 大きなカバンに交換したいです。
③ カバンの形が気に入りません。
④ カバンを違う商品に交換したいです。

24 男性 私がメールで送った書類は確認しましたか？

女性 いつ送りましたか？　朝確認したときには、メールはありませんでした。

男性 おかしいですね。昨日の夕方に送って、送信済みメールも確認したのですが。

女性 私のメールに問題があるみたいです。FAXでもう一度送っていただけませんか？

① メールを早く受け取りたいです。
❷ 書類をFAXでもう一度受け取りたいです。
③ 書類をメールでもう一度受け取りたいです。
④ 男性が送った書類が気に入りません。

[25~26] 다음을 듣고 물음에 답하십시오. ▸ P. 76

여자 잠시 안내 말씀 드리겠습니다. 지금 102동 엘리베이터를 수리 중입니다. 그런데 수리 시간이 생각보다 오래 걸릴 것 같습니다. 지금부터 6시까지 5시간 동안 엘리베이터를 사용하실 수 없습니다. 계단을 이용해 주시기 바랍니다. 수리가 끝나면 다시 안내해 드리겠습니다.

25 正解 ❸ 엘리베이터 수리를 안내하려고

解説 現在進行中のエレベーターの修理に関するお知らせです。よって、正解は③です。

26 正解 ❷ 수리하는 데 5시간이 걸립니다.

解説 エレベーターは修理中なので、5時間使用できませんとアナウンスされています。よって、正解は②です。

① ~~6時から修理する予定です。~~
→ エレベーターは今修理中です。

③ ~~5時にはエレベーターを使用することができます。~~
→ 6時までエレベーターを使うことができません。

④ 6時までエレベーターと階段を利用することができません。
→ エレベーターだけが使えません。

[25~26] 次を聞いて、質問に答えてください。

女性 ご案内申し上げます。現在102棟のエレベーターは修理中です。しかし、予想以上に時間がかかりそうです。これから6時までの5時間、エレベーターが使えなくなります。階段をご利用ください。修理が終わりましたら、改めてご案内申し上げます。

25 女性がなぜこの話をしているのか選んでください。
① エレベーターを販売しようとして
② エレベーターを新しくしようとして
❸ エレベーターの修理を案内しようとして
④ エレベーターの修理を要請しようとして

26 聞いた内容と同じものを選んでください。
① 6時から修理する予定です。
❷ 修理するのに5時間かかります。
③ 5時にはエレベーターを使用することができます。
④ 6時までエレベーターと階段を利用することができません。

[27~28] 다음을 듣고 물음에 답하십시오. ▶ P. 76~77

여자 정규 씨, '집들이'가 뭐예요?

남자 새로 이사한 집에 손님을 초대하는 한국의 문화예요.

여자 신혼부부의 집들이에 초대받았는데 처음이라서 뭘 사가면 좋을지 모르겠어요.

남자 보통은 휴지나 세제 같은 자주 쓰는 물건을 사 가지만 그림 액자를 선물하면 어떨까요?

여자 좋은 생각이네요. 오늘 시간이 있으면 선물 사는 것을 좀 도와줄래요?

남자 네, 인사동에 그림을 파는 가게가 많아요. 퇴근 후에 일층에서 만납시다.

27 正解 ❸ 집들이 선물

解説 女性がチプトゥリ（引っ越し祝い）に何を買うか決めかねていて、男性がプレゼントを勧めているところから判断して、正解は③です。

28 正解 ❶ 여자는 신혼부부의 집에 간 적이 없습니다.

解説 女性の「新婚夫婦の引っ越し祝いに初めて招待された」という発言から判断して、正解は①です。

② 女性はチプトゥリに~~トイレットペーパーと洗剤~~を買っていきます。
→ 男性に勧められたプレゼントを買います。

③ ~~仁寺洞で額縁入りの絵を安く買うことができます~~。
→ 話していない内容です。

④ チプトゥリは~~特別な日に~~お客様を家に招待する文化です。
→ 新しい家に引っ越した人がお客さんを招待する文化です。

[27~28] 次を聞いて、質問に答えてください。

女性 チョンギュさん、「チプトゥリ」って何ですか？

男性 新しく引っ越してきた家にお客さんを招待する、韓国の文化です。

女性 新婚夫婦のチプトゥリに招待されたのですが、初めてなので何を買ったらいいのかわかりません。

男性 普通はトイレットペーパーや洗剤のような、よく使うものを買っていきますが、額縁入りの絵をプレゼントするのはどうでしょうか？

女性 いい考えですね。今日時間があったら、プレゼントを買うのを手伝ってくれませんか？

男性 はい、仁寺洞に絵を売っているお店がたくさんあります。仕事が終わったら、1階で会いましょう。

27 2人が何について話しているのか選んでください。

① 韓国の文化
② チプトゥリの方法
❸ チプトゥリのプレゼント
④ 仁寺洞の雰囲気

28 聞いた内容と同じものを選んでください。

❶ 女性は新婚夫婦の家に行ったことがありません。
② 女性はチプトゥリにトイレットペーパーと洗剤を買っていきます。
③ 仁寺洞で額縁入りの絵を安く買うことができます。
④ チプトゥリは特別な日にお客様を家に招待する文化です。

[29~30] **다음을 듣고 물음에 답하십시오.** ▶ P. 77

여자 선생님, 안녕하세요? 제가 요즘 늦게까지 못 자서 걱정이 돼서 왔어요.

남자 음……. 하루에 커피를 몇 잔이나 드세요? 그리고 자기 전에는 보통 뭘 하시나요?

여자 커피는 세 잔쯤 마시고, 운동을 하거나 불을 끄고 노트북을 보다가 자는 편이에요.

남자 커피는 카페인이 있으니까 하루에 두 잔만 드세요. 어두운 곳에서 노트북을 보면 눈이 피곤해서 머리가 아프기 쉽고, 또 운동 후에는 더워서 잠을 못 잘 수 있으니까 늦은 시간에 하지 마세요.

여자 네. 그럼 약은 안 먹어도 될까요?

남자 네, 일주일 동안 제가 알려 드린 것을 해 보시고 계속 문제가 있으면 다시 오세요.

29 正解 ❷ 잠을 잘 못 자서

解説 女性が「늦게까지 못 자서 (遅くまで眠れないから)」と言ったので、よく眠れないから来たのだとわかります。

30 正解 ❹ 여자는 어두운 곳에서 노트북을 사용합니다.

解説 女性の発言から、彼女は電気を消してノートパソコンを使っていることがわかるので、正解は④です。

① 女性は ~~1週間後にまた来なければなりません~~。
→ 男性は女性に、問題が続くようならまた来るようにと言いました。

② コーヒーは~~一日1杯しか~~飲んではいけません。
→ 2杯まで飲んでも大丈夫です。

③ 寝る前に運動すると~~よく眠ることができます~~。
→ 運動した後では暑くて眠れません。

[29~30] 次を聞いて、質問に答えてください。

女性 先生、こんにちは。私が最近遅くまで眠れないので、心配になって来ました。

男性 うーん……。1日にコーヒーを何杯くらい飲みますか？　また、寝る前には普段何をしていますか？

女性 コーヒーは3杯くらい飲んで、普段は運動をするか、電気を消してノートパソコンを見てから寝ます。

男性 コーヒーはカフェインが含まれているので、1日に2杯までにしてください。暗いところでノートパソコンを見ると、目が疲れて頭痛がしやすくなります。また、運動した後は暑くてよく眠れなくなるので、遅い時間にしないでください。

女性 はい。では、薬は飲まなくていいんですか？

男性 はい、1週間は私がお知らせしたことをやってみていただき、問題が続くようであればまた来てください。

29 女性がこの場所に来た理由を選んでください。

① 目が悪くなったので
❷ よく眠れないので
③ 薬を受け取りたくて
④ 運動する方法を知りたくて

30 聞いた内容と同じものを選んでください。

① 女性は1週間後にまた来なければなりません。
② コーヒーは一日に1杯しか飲んではいけません。
③ 寝る前に運動するとよく眠ることができます。
❹ 女性は暗いところでノートパソコンを使います。

リーディング問題文の翻訳

[31~33] 무엇에 대한 내용입니까? 〈보기〉와 같이 알맞은 것을 고르십시오.
▶ P. 78

보기

사과가 있습니다. 그리고 배도 있습니다.

① 요일　② 공부　❸ 과일　④ 생일

31 친구들을 초대했습니다. 케이크를 먹고 선물을 많이 받았습니다.

正解 ❸ 생일

解説 ケーキを食べたりプレゼントをもらったりする日が自分の誕生日です。よって、正解は③です。

32 사과는 빨갛습니다. 하늘은 파랗습니다.

正解 ❶ 색깔

解説 「빨갛다 (赤い)」と「파랗다 (青い)」は色です。

33 주말에 백화점에 갔습니다. 가격이 싸서 바지와 티셔츠를 많이 샀습니다.

正解 ❹ 쇼핑

解説 デパートで物を買う行為を「쇼핑 (ショッピング)」と呼びます。

[31~33] 何に関する話ですか?《例》のように適切なものを選んでください。

例

リンゴがあります。そして、梨もあります。

① 曜日　② 勉強
❸ 果物　④ 誕生日

31 友人たちを招待しました。ケーキを食べて、プレゼントをたくさんもらいました。

① 趣味
② 食べ物
❸ 誕生日
④ 天気

32 リンゴは赤いです。空は青いです。

❶ 色
② 果物
③ 趣味
④ 休み

33 週末に百貨店へ行きました。安かったので、ズボンとTシャツをたくさん買いました。

① 場所
② 約束
③ 授業
❹ 買い物

[34~39] 〈보기〉와 같이 (　)에 들어갈 말로 가장 알맞은 것을 고르십시오.
▶ P. 78~79

보기

날씨가 좋습니다. (　)이 맑습니다.

① 눈　② 밤　❸ 하늘　④ 구름

34 월요일(　　) 금요일까지 회사에서 일합니다.

正解 ❸ 부터

解説 「부터 (～から)」は始点を表します。通常、終点を表す「까지 (～まで)」と一緒に使われます。

35 지갑에 돈이 없습니다. 그래서 은행에 돈을 (　　) 갑니다.

正解 ❹ 찾으러

解説 語り手はお金を持っておらず、何かするために銀行へ行くので、「(お金を)引き出す」が最も適切な単語で

[34~39] 《例》のように(　)に入る最も適切なものを選んでください。

例

天気がよいです。(　)が晴れています。

① 雪　② 夜
❸ 空　④ 雲

34 月曜日(　)金曜日まで会社で働きます。

① ～に
② ～と
❸ ～から
④ ～で

35 財布にお金がありません。だから、銀行にお金を(　)行きます。

① 降ろしに
② 送りに
③ 受け取りに
❹ 引き出しに

す。よって、正解は④です。

＊「(場所)에 V-(으)러 가다」は、「～しに(ある場所)に行く」という目的を表します。

Ex 스키장에 스키를 타러 갑니다. スキー場へスキーをしに行きます。

36 운동을 해서 목이 마릅니다. (　　)을 마시고 싶습니다.

正解 ❷ 물

解説 のどが渇いたら水を飲みます。正解は②です。

37 높은 구두를 신고 오래 걸었습니다. 그래서 다리가 (　　).

正解 ❹ 아픕니다

解説 ハイヒールを履いて長時間歩くと足が痛くなります。よって、正解は④です。

38 친구가 전화를 안 받습니다. 이따가 (　　) 전화 하겠습니다.

正解 ❸ 다시

解説 友人が電話に出ないので、語り手が再度電話をかけます。よって、正解は③です。

39 우체국은 3번 출구 앞에 있습니다. 3번 출구로 (　　).

正解 ❶ 나가십시오

解説 「출구 (出口)」とは、中にいる人が外に出ることができる場所のことです。郵便局に行くには、3番出口から出なければなりません。

- 나가다 ↔ 나오다　出ていく ↔ 出てくる
  들어가다 ↔ 들어오다　入っていく ↔ 入ってくる

36 運動をして、のどが渇きました。(　　)を飲みたいです。

① パン
❷ 水
③ サッカー
④ 履物

37 ハイヒールを履いて長い間歩きました。だから足が(　　)。

① 長いです
② 寒いです
③ きれいです
❹ 痛いです

38 友人が電話に出ません。後で(　　)電話します。

① すぐ
② ほとんど
❸ また
④ それほど

39 郵便局は3番出口の前にあります。3番出口を(　　)。

❶ 出てください
② 入ってきてください
③ 入ってください
④ 降りてください

[40~42] 다음을 읽고 맞지 <u>않는</u> 것을 고르십시오. ▶ P. 80~81

40

가족 사랑 음악회

일시: 2022년 4월 23일(토) ~ 2022년 4월 30일(토) 오후 5시

장소: 하나극장

예매: (02) 777-1243　http://www.yesul.com

*홈페이지 예매 시 10% 할인

가격: VIP석 70,000원　R석 50,000원　A석 30,000원

[40~42] 次を読んで、正しく<u>ない</u>ものを選んでください。

40

家族愛コンサート

日付：2022年4月23日(土)~4月30日(土)　午後5時

会場：ハナ劇場

予約：(02) 777-1243

http://www.yesul.com

*ホームページからのご予約は10%引き

価格：

VIP席 70,000ウォン

R席 50,000ウォン

A席 30,000ウォン

正解 ❹ 전화로 예매하면 더 싸게 살 수 있습니다.

解説 ホームページからの予約で10%引きと記載されているので、④は誤りです。

① 4月末まで公演します。
② 席ごとに価格が異なります。
③ インターネットでも予約することができます。
❹ 電話で予約するとさらに安く買うことができます。

41

사랑 주식회사

부장 나연숙
주소: 서울시 강남구 역삼동 21 하나빌딩 3층
회사: (02) 563-3226
H.P: 010-1234-5789

正解 ❹ 집 전화번호는 (02) 563-3226입니다.

解説 ④の電話番号は会社の電話番号です。

41

サラン株式会社

部長：ナ・ヨンスク
住所：ソウル市江南区駅三洞21番地ハナビル3階
会社：(02) 563-3226
携帯電話：010-1234-5789

① ナ・ヨンスクさんは部長です。
② 会社が駅三洞（ヨクサムドン）にあります。
③ サラン株式会社で勤務しています。
❹ 家の電話番号は(02) 563-3226です。

42

〈노트북을 팝니다〉

사용 기간: 1년 (작년 7월에 샀습니다.)
A/S 기간: 구입 후 2년
가격: 80만 원 (처음 가격: 120만 원)
휴대 전화: 010-5789-1234
(21시 이후에는 문자를 보내 주세요.)

正解 ❷ 21시까지만 문자를 보내 주십시오.

解説 21時以降に連絡を取りたい人はテキストメッセージを送ってくださいとあるので、正解は②です。
・구매 購買

42

<ノートパソコンを売ります>

使用期間：1年 (昨年7月に購入しました)
保証期間：購入から2年
価格：80万ウォン (最初の価格120万ウォン)
携帯電話：010-5789-1234
(21時以降は、テキストメッセージを送ってください)

① ノートパソコンを昨年の夏に買いました。
❷ 21時までにテキストメッセージを送ってください。
③ 来年の7月までA/Sを受けることができます。
④ 最初に購入したときの価格は120万ウォンでした。

[43~45] 다음을 읽고 내용이 같은 것을 고르십시오.

▶ P. 81~82

43 제 하숙집은 학교 근처에 있습니다. 개인 화장실이 있고 깨끗합니다. 아침을 먹을 수 있고 아주머니도 친절합니다.

正解 ❷ 화장실을 혼자 쓸 수 있습니다.

解説 「개인 화장실 (個人バスルーム)」は、バスルームが共用でないことを意味します。よって、正解は②です。

① 学校と下宿が~~離れています~~。
→ 学校は下宿の近くにあります。

[43~45] 次を読んで、内容が一致するものを選んでください。

43 私の下宿は学校の近くにあります。個人バスルームがあり、きれいです。朝食を食べられますし、おばさんも親切です。

① 学校と下宿が離れています。
❷ バスルームを一人で使うことができます。
③ おばさんは料理が上手です。
④ 朝食と夕食を食べることができます。

③ ~~下宿先の女性は料理が上手~~です。

→ 記載されていない内容です。

④ 下宿先で~~朝食と夕食を~~食べることができます。

→ 下宿先では朝食しか食べられません。

• 개인　個人

44 오늘 누나와 집 앞 공원에 놀러 갔습니다. 공원에서 자전거를 타고 꽃도 구경했습니다. 7시쯤에 집에 돌아왔습니다.

正解 ❸ 공원이 집 앞에 있습니다.

解説 彼らは家の前の公園に行ったので、正解は③です。

① ~~昨日~~公園に行きました。

→ 今日公園に行きました。

② 7時ごろに~~公園に行きました~~。

→ 7時ごろに家に帰りました。

④ ~~自転車に乗って公園に行きました~~。

→ 公園で自転車に乗りました。

45 행복주유소가 한국대학교 앞으로 이사했습니다. 이번 주까지 기름을 넣으시는 분들께 선물로 영화표를 드립니다.

正解 ❶ 다음 주에는 영화표를 주지 않습니다.

解説 語り手によると、今週ガソリンを入れたお客様に映画のチケットが配られるので、正解は①です。

② ガソリンを入れた人に商品券を差し上げます。

→ 映画のチケットを差し上げます。

③ ~~ガソリンスタンドに来た人~~に映画のチケットを差し上げます。

→ ガソリンを入れた人に映画のチケットを差し上げます。

④ 韓国~~大学がガソリンスタンドの近くに~~移転しました。

→ ガソリンスタンドが韓国大学の近くに移転しました。

44 今日、姉と家の前の公園に遊びに行きました。公園で自転車に乗ったり、花を観賞したりしました。7時ごろに帰ってきました。

① 昨日公園に行きました。

② 7時ごろに公園に行きました。

❸ 公園が家の前にあります。

④ 自転車に乗って公園に行きました。

45 幸福ガソリンスタンドが韓国大学の前に移転しました。今週まで、ガソリンを入れたお客様に映画のチケットを差し上げます。

❶ 来週には映画のチケットを差し上げません。

② ガソリンを入れた人に商品券を差し上げます。

③ ガソリンスタンドに来た人に映画のチケットを差し上げます。

④ 韓国大学がガソリンスタンドの近くに移転しました。

[46~48] **다음을 읽고 중심 내용을 고르십시오.** ▶ P. 82~83

46 이번 여름휴가 때 일본에 가기로 했습니다. 도쿄 타워에서 야경을 보고 기념품을 사고 불꽃 축제에도 갈 겁니다. 여름이 빨리 오면 좋겠습니다.

正解 ❷ 저는 일본에 빨리 가고 싶습니다.

解説 語り手は夏が待ち遠しいので、早く日本に行きたいと思っていることがわかります。
• 야경　夜景

47 저는 매일 자전거로 출근합니다. 자전거를 타면 기분이 좋고 스트레스가 풀립니다. 주말에도 아이들과 자전거를 타고 한강에 갑니다.

正解 ❸ 저는 자전거를 타는 것이 즐겁습니다.

解説 語り手は通勤に自転車を使い、週末も自転車に乗っています。自転車に乗ると気分が良くなるそうです。語り手が自転車に乗ることを楽しんでいることがわかります。

48 저는 노래를 못합니다. 제 친구는 가수처럼 잘합니다. 그래서 저도 친구처럼 되고 싶습니다.

正解 ❹ 저는 노래를 잘하고 싶습니다.

解説 「歌が上手な友人のようになりたい」という語り手の発言から判断して、「歌が上手になりたい」と思っていることがわかります。

[46~48] **次を読んで、一番言いたいことは何かを選んでください。**

46 今年の夏休みに日本に行くことにしました。東京タワーから夜景を見たり、お土産を買ったり、花火大会にも行きます。夏が早く来てほしいです。

① 私は東京の夜景を見たいです。
❷ 私は日本に早く行きたいです。
③ 私は日本のお土産を買いたいです。
④ 私は花火大会に参加したいです。

47 私は毎日、自転車で出勤します。自転車に乗ると気分が良く、ストレスが発散されます。週末にも子どもたちと自転車に乗って漢江に行きます。

① 週末にも自転車に乗りたいです。
② 子どもたちと自転車に乗りたいです。
❸ 私は自転車に乗ることが楽しいです。
④ 自転車に乗って出勤するのがよいです。

48 私は歌が下手です。私の友人は歌手のように上手です。だから、私も友人のようになりたいです。

① 私の友人は歌手です。
② 私は歌が好きです。
③ 私の友人は歌が上手です。
❹ 私は歌が上手になりたいです。

[49~50] **다음을 읽고 물음에 답하십시오.** ▶ P. 83~84

우리 가족은 주말마다 가족 신문을 만듭니다. 남편과 저의 회사 이야기, 아이들의 학교 이야기를 한 후 함께 글을 쓰고 그림을 그립니다. 전에는 아이들이 글쓰기를 싫어해서 걱정했는데 신문을 (㉠) 아이들이 글 쓰는 것을 즐거워합니다.

49 正解 ❸ 만든 후부터

解説 ㉠では、書くことが嫌いだった子どもたちが、いつから書くことを楽しめるようになったのかを推論する必要があります。語り手の発言から判断すると、子どもたちは「신문을 만든 후부터 (新聞を作った後から)」書くことが好きになったのでしょう。

50 正解 ❶ 아이들이 글쓰기를 즐거워합니다.

解説 語り手の発言から判断して、子どもたちが書くことを楽しんでいることがわかります。よって、正解は①です。
② 月に一度、家族新聞を作ります。
→ 私たちは毎週、家族新聞を作ります。

[49~50] **次を読んで、質問に答えてください。**

私たち家族は毎週、家族新聞を作ります。夫と私の会社の話や、子どもたちの学校の話をした後、一緒に文章を書いて絵を描きます。以前は子どもたちが文章を書くのが嫌いだったので心配していましたが、新聞を（ ㉠ ）子どもたちが文章を書くことを楽しんでいます。

49 ㉠に入る適切な言葉を選んでください。

① 作ったら
② 作っても
❸ 作った後から
④ 作ることができるので

50 上の文の内容と一致するものを選んでください。

❶ 子どもたちが文章を書くことを楽しんでいます。
② 月に一度、家族新聞を作ります。
③ 子どもたちは以前、文章を書くのが下手でした。
④ 子どもたちが文章を書いて、お父さんが絵を描きます。

③ 子どもたちは以前、文章を書くのが~~下手でした~~。
→ 子どもたちは以前、文章を書くのが嫌いでした。
④ ~~子どもたちが文章を書いて、お父さんが絵を描きます~~。
→ 子どもたちとお父さんが一緒に文章を書いたり絵を描いたりします。

[51~52] 다음을 읽고 물음에 답하십시오. ▶ P. 84

많이 웃는 사람이 행복해집니다. 웃을 때 우리 몸에서는 '엔도르핀'이 나와서 힘이 납니다. 웃음은 좋은 운동입니다. 100번 웃으면 10분 동안 농구를 한 것과 같습니다. 슬플 때 웃긴 영화를 (㉠) 만화책을 읽으면 슬픈 생각을 잊어버립니다. 많이 웃으면 행복이 찾아옵니다.

51 正解 ❸ 보거나

解説 ㉠の前後に置かれる映画や漫画は、悲しい思いを忘れるための方法の一つです。

＊「A/V- 거나」は、その動詞や形容詞と、その後に続く動詞のどちらかを選択することを表すのに使われます。

Ex 주말에 자거나 TV를 봅니다. 週末に寝るかテレビを見ます。

52 正解 ❷ 웃음과 행복의 관계

解説 一般に文章の話題は、その文章の最初と最後に来ます。この文章の最初と最後で、語り手はたくさん笑うことが人を幸せにし、幸せがやってくると言っています。中盤では、なぜ笑いが人を幸せにするのかについて語っています。

・관계 関係

[51~52] 次を読んで、質問に答えてください。

よく笑う人は幸せになります。笑うとき私たちの体内では「エンドルフィン」が出てきて、力が出ます。笑いは良い運動です。100回笑うと、10分間バスケットボールをするのに相当します。悲しいときに面白い映画を(㉠)漫画を読むと、悲しい気持ちを忘れます。たくさん笑えば幸せがやってきます。

51 ㉠に入る適切な言葉を選んでください。

① 見ても
② 見るとき
❸ 見たり
④ 見るが

52 何についての話なのか正しいものを選んでください。

① 笑いによい運動
❷ 笑いと幸せの関係
③ 悲しみを減らす方法
④ ストレスに役立つ運動

[53~54] 다음을 읽고 물음에 답하십시오. ▶ P. 85

저는 취직을 준비하고 있습니다. 회사에 다니고 있는 친구들은 (㉠) 회사가 최고라고 합니다. 그러나 저는 돈보다 저와 맞는 일을 찾는 게 중요합니다. 돈을 많이 벌어도 일이 즐겁지 않으면 오래 할 수 없기 때문입니다. 그래서 저는 시간이 오래 걸려도 즐거운 일을 할 수 있는 회사를 찾을 겁니다.

53 正解 ❹ 월급을 많이 주는

解説 語り手は、「しかし、自分に合った仕事を見つけることは、お金をたくさん稼ぐことよりも重要だ」と言っています。「그러나 (しかし)」の前後に来る内容は矛盾していなければならないので、

[53~54] 次を読んで、質問に答えてください。

私は就職活動をしています。会社に勤めている友人たちは、(㉠)会社が最高だと言います。でも、私はお金より、自分に合った仕事を見つけることが大切です。お金をたくさん稼いでも、仕事が楽しくなければ長く働けないからです。だから、私は時間が長くかかっても、楽しく働ける会社を探そうと思います。

53 ㉠に入る適切な言葉を選んでください。

① 退勤が早い
② 仕事が少ない
③ 雰囲気がよい
❹ 月給をたくさんもらえる

「월급을 많이 주는 (月給をたくさんもらえる)」が (㉠) に入ります。よって、正解は④です。

54 正解 ❸ 즐겁지 않은 일은 오래 할 수 없습니다.

解説 語り手は「仕事に満足していないと長くは働けない」と言っているので、正解は③です。

① 早く就職したいです。
→ 就職に時間がかかってもいいと思っています。
② 今やっている仕事が楽しくないです。
→ 就職活動中です。
④ 私と合っていてお金をたくさんもらえる仕事を探します。
→ 給料が高い仕事を探しているのかどうかは言及されていません。

54 上の文の内容と一致するものを選んでください。

① 早く就職したいです。
② 今やっている仕事が楽しくないです。
❸ 楽しくない仕事は長くやることができません。
④ 私と合っていてお金をたくさんもらえる仕事を探します。

[55~56] 다음을 읽고 물음에 답하십시오. ▶ P. 85~86

우리 회사는 회식을 자주 하는데 장소를 선택하기 어려울 때마다 '행복뷔페'를 이용합니다. 행복뷔페에서는 12,000원에 한식, 일식, 중식, 양식 등 모든 음식을 먹을 수 있습니다. (㉠) 메뉴를 고민할 필요가 없습니다. 주말에는 평일보다 3,000원을 더 내야 하지만 특별 메뉴가 나오고 와인을 마실 수 있기 때문에 뷔페를 찾는 사람이 더 많습니다.

55 正解 ❶ 그래서

解説 「모든 음식을 먹을 수 있다 (あらゆる料理を食べることができる)」が「메뉴를 고민할 필요가 없다 (メニューを悩む必要がない)」の理由であることがわかります。「그래서 (したがって)」は、前の内容が後の内容の理由となる場合に使われる接続副詞なので、正解は①です。

56 正解 ❸ 평일 점심에는 특별 메뉴가 나오지 않습니다.

解説 語り手は、週末には特別なメニューがあると言っています。よって、正解は③です。

① 私たちの会社は、会食が多くありません。
→ 会食を頻繁にします。
② 12,000 ウォンでワインも飲むことができます。
→ 3,000 ウォン多く払えば、ワインを飲むことができます。
④ 韓国料理、日本料理、中華料理、西洋料理のうち一つを食べることができます。
→ すべての種類の料理を食べることができます。

[55~56] 次を読んで、質問に答えてください。
私たちの会社は会食を頻繁にしますが、お店選びが難しいときはいつも「幸福ビュッフェ」を利用します。幸福ビュッフェでは、12,000ウォンで韓国料理、日本料理、中国料理、西洋料理など、あらゆる料理を食べることができます。(㉠) メニューを悩む必要がないのです。週末には平日より3,000ウォン高いですが、特別メニューが出てきたりワインを飲めるので、ビュッフェを訪れる人がさらに多いです。

55 ㉠に入る適切な言葉を選んでください。

❶ それで
② そして
② ところで
④ それでは

56 上の文の内容と一致するものを選んでください。

① 私たちの会社は会食が多くありません。
② 12,000ウォンでワインも飲むことができます。
❸ 平日の昼には特別メニューが出てきません。
④ 韓国料理、日本料理、中華料理、西洋料理のうち一つを食べることができます。

[57~58] 다음을 순서에 맞게 배열한 것을 고르십시오.

▶ P. 86

57 (가) 따라서 옷은 직접 입어 보고 사는 것이 좋습니다.
(나) 최근 인터넷으로 물건을 구매하는 사람들이 점점 많아지고 있습니다.
(다) 하지만 옷은 입어 볼 수 없기 때문에 사이즈가 맞지 않는 경우가 있습니다.
(라) 짧은 시간에 여러 상품을 구경할 수 있고 가게를 돌아다니지 않아도 되기 때문입니다.

正解 ❷ (나)-(라)-(다)-(가)

解説 選択肢はすべて (나) から始まります。(라) では、ネットで購入する人が増えている理由を説明しています。(다) では、ネット通販のデメリットを語り、(가) では、語り手が解決策を提示しています。よって、正解は②です。

58 (가) 그래서 집에서 우산을 가지고 나왔습니다.
(나) 그런데 지하철 선반에 우산을 놓고 내렸습니다.
(다) 아침에 하늘이 흐렸습니다. 비가 올 것 같았습니다.
(라) 밖으로 나왔을 때 비가 내려서 비를 맞으면서 학교에 갔습니다.

正解 ❶ (다)-(가)-(나)-(라)

解説 選択肢はすべて (다) から始まっています。「그런데 (しかし)」、「그래서 (したがって)」などのつなぎ言葉が正解を見つける鍵になります。(가) では語り手が傘を持ってきたが、(나) では地下鉄に置き忘れた、(라) では雨の中濡れながら登校した、という順序で文を並べるのが自然でしょう。よって、正解は①となります。

[57~58] 次を順番に正しく並べたものを選んでください。

57
(가) ですから、服を実際に着てみて買うのが良いです。
(나) 最近インターネットで品物を購入する人が徐々に増えています。
(다) しかし、服を着てみられないので、サイズが合わない場合があります。
(라) 短時間で多くの商品を見ることができ、店内を歩き回らなくてもいいからです。

58
(가) ですから、家から傘を持って出てきました。
(나) しかし、地下鉄の棚に傘を置いて降りてしまいました。
(다) 今朝は曇っていました。雨が降りそうでした。
(라) 外に出たとき雨が降っていたので、雨に濡れながら学校に行きました。

[59~60] 다음을 읽고 물음에 답하십시오.

▶ P. 87

발이 건강해야 몸도 건강합니다. (㉠) 신발을 고를 때에는 굽이 낮고 자기의 발보다 조금 큰 사이즈를 선택하는 것이 좋습니다. 걸을 때는 조금 빠른 걸음으로 걷고 (㉡) 실내에서는 신발을 벗고 공기가 통하게 하십시오. (㉢) 발이 피곤한 날에는 따뜻한 물에 담근 후에 마사지를 하고 발이 붓는 분은 잘 때 다리를 높은 곳에 놓고 주무십시오. (㉣)

59 正解 ❷ ㉡

解説 語り手は、靴を長く履きすぎたときに生じる問題を指摘し、それに対応する解決策（「실내에서는 신발을 벗고 공기가 통하게 하십시오. (室内では靴を脱いで空気が通るようにしてください)」）が後ろに置

[59~60] 次を読んで、質問に答えてください。
足が健康であれば、身体も健康です。(㉠) 靴を選ぶときには、かかとが低く、自分の足より少し大きいサイズを選ぶのが良いです。歩くときは少し早足で歩いて、(㉡) 室内では靴を脱いで、空気が通るようにしてください。(㉢) 足が疲れた日には、お湯に足を浸した後にマッサージをして、足がむくむ人は寝るときに足を高いところに置いて休んでください。(㉣)

59 次の文が入るところを選んでください。

靴を長く履いていると、足が湿るかもしれないから

かれるべきものです。よって、答えは②となります。

60 正解 ❹ 발이 붓는 사람은 발을 높은 곳에 놓으면 좋습니다.

解説 語り手は、足がむくんでいる人には、寝るときに足を高いところに置くようにアドバイスしています。よって、正解は④です。

① 足に~~ぴったりの大きさの靴~~を選ばなければなりません。
→ 足より少し大きめのサイズがよいです。
② 早く歩くより、~~ゆっくり歩く~~のがよいです。
→ 少し早足で歩くとよいです。
③ 足が疲れたら~~マッサージの後お湯で洗って~~ください。
→ お湯に浸けてからマッサージします。

60 上の文の内容と一致するものを選んでください。

① 足にぴったりの大きさの靴を選ばなければなりません。
② 早く歩くよりゆっくり歩くのがよいです。
③ 足が疲れたらマッサージの後お湯で洗ってください。
❹ 足がむくむ人は足を高いところに置くとよいです。

[61~62] 다음을 읽고 물음에 답하십시오. ▶ P. 88

매년 700만 명이 방문하는 서울에 시티투어 버스가 생겼습니다. 출발 장소인 광화문에서 버스를 탄 후 원하는 장소에 내려서 구경하고, 내린 장소에서 다음 버스를 타면 됩니다. 이용 시간은 오전 9시부터 오후 9시고 월요일은 운행하지 않습니다. 의자마다 관광지 안내를 들을 수 있는 기계가 있습니다. (㉠) 여행책을 찾지 않아도 됩니다.

61 正解 ❶ 그래서

解説 「그래서 (したがって)」は接続副詞で、前の文が後の文の原因、根拠、条件となる場合に使われます。この場合、(㉠) の前に置かれた文が、(㉠) の後に来る文の理由となります。よって、正解は①です。

62 正解 ❸ 첫차는 광화문에서 9시에 출발합니다.

解説 語り手は「バスは午前9時に運行を開始する」と言っているので、正解は③です。

① ~~月曜日から土曜日~~まで運行します。
→ 月曜日は運行しません。
② 毎年 700 万人が~~バスを利用します~~。
→ 毎年 700 万人がソウルを訪れます。
④ ~~バスの運転手~~が観光地の案内をしてくれます。
→ 機械が観光地の案内をします。

・방문하다　訪問する
・운행하다　運行する

[61~62] 次を読んで、質問に答えてください。

毎年700万人が訪れるソウルにシティツアーバスができます。出発地の光化門でバスに乗車し、希望の場所で下車して観光をし、下車した場所で次のバスに乗車すればよいのです。利用時間は午前9時から午後9時までで、月曜日は運行しません。各座席に観光地の案内を聞くことができる機械が設置されています。(㉠) 旅行本を探さなくてもよいのです。

61 ㉠に入る適切な言葉を選んでください。

❶ それで
② そして
③ しかし
④ それでは

62 上の文の内容と一致するものを選んでください。

① 月曜日から土曜日まで運行します。
② 毎年700万人がバスを利用します。
❸ 始発は光化門から9時に出発します。
④ バスの運転手が観光地を案内してくれます。

[63~64] 다음을 읽고 물음에 답하십시오. ▶ P. 88~89

학생 여러분, '김치 만들기' 행사에 신청해 주셔서 감사합니다. 이번 주 토요일 오전 10시부터 1시까지 1층 대강당에서 합니다. 12부터 1시까지는 점심시간입니다. 학생 식당으로 오시면 김밥과 물을 드립니다. 식사 후에 1층에서 같이 사진을 찍겠습니다. 토요일에 뵙겠습니다.

63 正解 ❸ 김치 만들기 행사 정보를 안내하려고

解説 イベントの時間、場所、準備する物などイベントの情報を知らせています。

64 正解 ❶ 김치는 2시간 동안 만듭니다.

解説 語り手の発言から、イベントは午前10時から午後1時までの3時間ですが、昼休みが午後12時から午後1時までなので、正解は①です。

② ~~学生食堂でキンパと水を売ります。~~
→ 語り手が学生にキンパと水を持っていくように言っているので、非売品です。
③ 今週の土曜日までに~~申請すればよいです。~~
→ すでに申し込んでいる学生向けの情報です。
④ 1階で~~写真を撮ってからキムチ作りを始めます。~~
→ イベント終了後、記念撮影を行います。

・신청 (하다) 申請 (する)

[63~64] 次を読んで、質問に答えてください。
学生の皆さん、「キムチ作り」イベントにお申込みいただきありがとうございます。今週の土曜日、午前10時から午後1時まで1階大講堂で開催します。12時から1時までは昼休みです。学生食堂にお越しいただければ、キンパと水をご用意いたします。昼食後、1階で一緒に記念撮影をします。土曜日にお会いしましょう。

63 なぜ上の文を書いたのか正しいものを選んでください。

① キムチ作りを紹介しようとして
② キムチ作りに招待しようとして
❸ キムチ作りイベントの情報を案内しようとして
④ キムチ作りの申請方法を案内しようとして

64 上の文の内容と一致するものを選んでください。

❶ キムチは2時間にわたって作ります。
② 学生食堂でキンパと水を売ります。
③ 今週の土曜日まで申請すればよいです。
④ 1階で写真を撮ってからキムチ作りを始めます。

[65~66] 다음을 읽고 물음에 답하십시오. ▶ P. 89

해외여행 전에 준비하면 좋은 것들이 있습니다. 먼저, 여행할 곳의 날씨를 알아보고 날씨에 맞는 옷만 싸서 필요 없는 짐을 줄이십시오. 공항은 환율이 비싸니까 여행 시 쓸 비용을 계산하여 집 근처 은행에서 (㉠) 놓으십시오. 그리고 여행지의 문화와 역사를 공부해 가면 더 많은 것을 느끼고 경험할 수 있으니까 관련된 책을 미리 읽고 가십시오.

65 正解 ❷ 환전해

解説 「환전 (両替)」とは、ある通貨を銀行で別の通貨に交換することです。

・환율 為替

[65~66] 次を読んで、質問に答えてください。
海外旅行の前に準備しておくとよいことがあります。まず、旅行先の天気を調べて、その天気に合う服だけを用意し、不要な荷物を減らしてください。空港の為替が高いので、旅費を見積もり、家の近くの銀行で (㉠) おいてください。それから、旅行先の文化や歴史を勉強して行くと、より多くのことを感じたり経験したりできるので、関連する本を事前に読んで行ってください。

65 ㉠に入る適切な言葉を選んでください。

① 予約して
❷ 両替して
③ 確認して
④ 取り消して

66 正解 ❹ 여행할 곳의 문화와 역사를 공부하는 것이 좋습니다.

解説 語り手は、旅行先の文化や歴史を勉強すれば、より多くの経験ができると言っています。よって、正解は④です。

① 旅行先で天気に合った服を買います。
→ 記載されていない内容です。
② 本の内容と旅行先での経験は違います。
→ 旅行先の文化や歴史に関する本を読んで行くと役に立ちます。
③ 家の近くの銀行は空港より両替方法が簡単です。
→ 記載されていない内容です。

66 上の文の内容と一致するものを選んでください。

① 旅行先で天気に合った服を買います。
② 本の内容と旅行先での経験は違います。
③ 家の近くの銀行は空港より両替方法が簡単です。
❹ 旅行する場所の文化と歴史を勉強するのがよいです。

[67~68] 다음을 읽고 물음에 답하십시오. ▶ P. 90

한옥과 아파트는 문을 여는 방법에 차이가 있습니다. 한옥은 문을 밖에서 안으로 밀어서 여는 방식이라 들어가는 게 쉽지만 아파트는 안에서 밖으로 미는 방식으로 나가기 쉽게 지었습니다. 한옥은 손님에게 문을 열어 줄 때 집주인이 한 발 뒤로 (㉠) 문을 당기지만 아파트는 손님이 한 발 뒤로 가야 해서 불편합니다. 옛날 사람들은 다른 사람을 먼저 생각해서 문을 만든 것 같습니다.

67 正解 ❸ 가면서

解説 「V-(으)면서」は、同時の動きを表現します。ドアを引く動作と、ドアを開けるときに一歩下がる動作は同時に起こります。

68 正解 ❹ 아파트는 문을 열 때 손님이 뒤로 갑니다.

解説 語り手は「アパートはドアを開けるときにお客さんが一歩下がらないといけない」と言っています。よって、正解は④です。

① 韓屋はドアが外に開きます。
→ 内側に開きます。
② 韓屋はお客さんがドアを引いて開けます。
→ 家の主人がドアを引いて開けます。
③ アパートは入りやすく作られました。
→ 出やすいように作られています。

・한옥 韓屋

[67~68] 次を読んで、質問に答えてください。

韓屋とアパートはドアの開け方に違いがあります。韓屋はドアを外から内側に押して開ける方式なので入りやすいですが、アパートは中から外に押す方式で出やすく建てられました。韓屋はお客さんにドアを開けてあげるとき、家の主人が一歩後ろに（ ㉠ ）ドアを引きますが、アパートはお客さんが一歩後ろに下がらないといけないので不便です。昔の人たちは他人をまず考えてドアを作ったようです。

67 ㉠に入る適切な言葉を選んでください。

① 行けば
② 行くから
❸ 行きながら
④ 行こうと

68 上の文の内容と一致するものを選んでください。

① 韓屋はドアが外に開きます。
② 韓屋はお客さんがドアを引いて開けます。
③ アパートは入りやすく作られました。
❹ アパートはドアを開けるときお客さんが後ろに下がります。

[69~70] **다음을 읽고 물음에 답하십시오.** ▶ P. 90~91

부모님은 먼 곳에 살고 계셔서 자주 찾아뵙기 힘듭니다. 그래서 부모님이 그리울 때마다 전화를 합니다. 전에는 목소리밖에 들을 수 없었는데 요즘은 스마트폰으로 서로 얼굴을 보며 통화할 수 있어서 옆에 있는 것처럼 느껴집니다. 스마트폰을 사 드리기 전에는 부모님께서 잘 (㉠) 걱정했는데 부모님이 생각보다 훨씬 잘 사용하셔서 다행입니다.

69 正解 ❸ 사용하지 못할 것 같아서

解説 語り手は購入後の状態を心配しているので、将来に対する漠然とした推測を表す「A/V-(으)ㄹ 것 같다 (～しそうだ)」を使うべきでしょう。

70 正解 ❷ 부모님이 스마트폰을 잘 사용하셔서 좋습니다.

解説 語り手は、「両親が思ったより(スマートフォンを)使いこなしているのでよかった」と言っています。よって、正解は②です。

① 両親の家に頻繁に~~会いに行きます~~。

→ 会いに行くのは難しいです。

③ スマートフォンの~~写真を見ながら~~両親と通話します。

→ 両親の顔を見ながら通話します。

④ 両親がスマートフォンを~~うまく使いこなせないので~~心配しました。

→ 両親がスマートフォンをうまく使いこなせないと思っていたので心配しました。

＊「다행이다」は、物事がうまくいくのは幸運だという意味です。

Ex 사고가 났지만 다치지 않아서 다행이다. 事故が起きたけれど怪我をしなくて幸いです。

・그립다 懐かしい、恋しい

[69~70] **次を読んで、質問に答えてください。**

両親は遠くの場所に住んでいるため、頻繁に会いに行くことは難しいです。そのため、両親が恋しくなるたびに電話をしています。以前は声しか聞けませんでしたが、最近はスマートフォンでお互いに顔を見て通話ができるので、隣にいるような感覚になります。スマートフォンを買ってあげる前は、両親が（ ㉠ ）心配していましたが、思ったよりずっと使いこなしているので、よかったです。

69 ㉠に入る適切な言葉を選んでください。

① 使えなくて
② 使えなければ
❸ 使えなさそうなので
④ 使えずにいるので

70 上の文の内容からわかることを選んでください。

① 両親の家に頻繁に会いに行きます。
❷ 両親がスマートフォンを使いこなしていてよいです。
③ スマートフォンの写真を見ながら両親と通話します。
④ 両親がスマートフォンをうまく使いこなせないので心配しました。

PART 3 模擬試験 2

正解

＊数字は左から問題番号、丸数字は正答、カッコ内の数字は配点です。

듣기 ▸ P. 94~101

1. ① (4)	2. ③ (3)	3. ④ (4)	4. ④ (3)	5. ③ (4)	6. ① (3)	7. ② (3)
8. ① (3)	9. ③ (3)	10. ④ (4)	11. ① (3)	12. ④ (3)	13. ③ (3)	14. ② (4)
15. ① (4)	16. ③ (4)	17. ② (3)	18. ④ (3)	19. ③ (3)	20. ① (3)	21. ③ (3)
22. ④ (3)	23. ④ (3)	24. ② (3)	25. ④ (3)	26. ③ (4)	27. ④ (3)	28. ② (4)
29. ① (3)	30. ④ (4)					

읽기 ▸ P. 102~115

31. ① (2)	32. ② (2)	33. ③ (2)	34. ② (2)	35. ④ (2)	36. ② (2)	37. ③ (3)
38. ④ (3)	39. ② (2)	40. ④ (3)	41. ④ (3)	42. ③ (3)	43. ② (3)	44. ③ (2)
45. ④ (3)	46. ③ (3)	47. ① (3)	48. ④ (2)	49. ④ (2)	50. ③ (2)	51. ② (3)
52. ② (2)	53. ④ (2)	54. ① (3)	55. ③ (2)	56. ② (3)	57. ① (3)	58. ② (2)
59. ② (2)	60. ② (3)	61. ③ (2)	62. ① (2)	63. ③ (2)	64. ② (3)	65. ① (2)
66. ④ (3)	67. ① (3)	68. ③ (3)	69. ③ (3)	70. ④ (3)		

リスニング台本

問 1 ～ 30 はリスニング問題です。それぞれの問題を注意深く聞いて、質問に対する最も適切な答えを選んでください。各問題は 2 回読まれます。

[1~4] 다음을 듣고 〈보기〉와 같이 물음에 맞는 대답을 고르십시오. ▶ P. 94

보기

가 공책이에요?

나 ______________________

❶ 네, 공책이에요.　② 네, 공책이 없어요.

③ 아니요, 공책이 싸요.　④ 아니요, 공책이 커요.

1 남자 아이가 있어요?

正解 ❶ 네, 아들이 있어요.

解説 肯定する場合は、「네, 아이/딸/아들이 있어요. (はい、子ども／娘／息子がいます)」と答えます。否定する場合は、「아니요, 아이가 없어요. (いいえ、子どもはいません)」と答えます。

2 여자 운동을 잘해요?

正解 ❸ 네, 운동을 잘해요.

解説 肯定するなら、「네, 운동을 잘해요. (はい、運動は得意です)」と答えます。否定する場合は、「아니요, 운동을 못 해요. (いいえ、運動は苦手です)」と答えます。

3 남자 누구하고 영화를 보셨어요?

正解 ❹ 부모님과 같이 봤어요.

解説 「누구 (誰)」は、人や人について尋ねるときに使う疑問詞です。男性は、誰と一緒に映画を見たかを聞いています。よって、正解は④です。「보셨어요? (見ましたか？)」は単純過去形の疑問文であるのに対し、③「볼 거예요. (見るつもりです)」は意志未来形なので、③は答えになりません。

・부모님　両親

4 여자 콘서트 공연이 어땠어요?

正解 ❹ 아주 재미있었어요.

解説 女性はコンサートの様子を聞いているので、コンサートの様子や感想を答えます。したがって、正解は④です。

・콘서트　コンサート

・공연　公演

[1~4] 次を聞いて、《例》のように質問に合った答えを選んでください。

例

가 ノートですか？

나 ______________________

❶ はい、ノートです。

② はい、ノートがありません。

③ いいえ、ノートが安いです。

④ いいえ、ノートが大きいです。

1 男性 お子さんがいますか？

❶ はい、息子がいます。

② いいえ、娘がいます。

③ はい、子どもがいません。

④ いいえ、2人います。

2 女性 運動は得意ですか？

① はい、運動をします。

② いいえ、運動を知っています。

❸ はい、運動は得意です。

④ いいえ、運動ではありません。

3 男性 誰と映画を見ましたか？

① 映画館で見ました。

② 韓国映画を見ました。

③ 弟(妹)と見ます。

❹ 両親と一緒に見ました。

4 女性 コンサートの公演はどうでしたか？

① とても暑いです。

② 公演を見ました。

③ 人がいます。

❹ とても面白かったです。

[5~6] 다음을 듣고 〈보기〉와 같이 이어지는 말을 고르십시오.

▶ P. 95

보기

가　안녕히 계세요.

나　________________

① 들어오세요.　② 어서 오세요.

③ 안녕히 계세요.　❹ 안녕히 가세요.

5　**남자**　회의가 끝났습니다. 수고하셨습니다.

正解 ❸ 수고하셨습니다.

解説 会議後に「수고하셨습니다. (お疲れさまでした)」とあいさつをされたら、「수고하셨습니다. (お疲れさまでした)」と返します。

・끝나다　終わる

・부탁 (하다)　お願い (する)

6　**여자**　재만 씨, 오늘 제 생일이에요.

正解 ❶ 축하합니다.

解説 誰かの誕生日、結婚、昇進、試験合格などのお祝いには「축하합니다. (おめでとうございます)」と言うべきでしょう。

[5~6] 次を聞いて、《例》のように後ろに続く表現を選んでください。

例

가 さようなら。

나 ________________

① お入りください。

② いらっしゃいませ。

③ さようなら。(残る人に)

❹ さようなら。(帰る人に)

5　男性 会議が終わりました。お疲れさまでした。

① わかりました。

② お願いします。

❸ お疲れさまでした。

④ 少々お待ちください。

6　女性 ジェマンさん、今日は私の誕生日です。

❶ おめでとうございます。

② 大丈夫です。

③ ありがとうございます。

④ 失礼します。

[7~10] 여기는 어디입니까? 〈보기〉와 같이 알맞은 것을 고르십시오.

▶ P. 95~96

보기

가　내일까지 숙제를 꼭 내세요.

나　네. 선생님.

① 빵집　② 호텔

❸ 교실　④ 병원

7　**여자**　11번 고객님, 뭘 도와드릴까요?

남자　미국에 가요. 20만 원을 달러로 바꿔 주세요.

正解 ❷ 은행

解説 銀行は、韓国ウォンを米ドルに両替してくれるところです。

・고객　顧客

8　**여자**　이 약을 언제 먹어요?

남자　하루 세 번, 식사 30분 후에 드세요.

正解 ❶ 약국

[7~10] ここはどこですか？《例》のように適切なものを選んでください。

例

가 明日までに宿題を必ず提出してください。

나 はい、先生。

① パン屋　② ホテル

❸ 教室　④ 病院

7　女性 11番のお客様、何をお手伝いしましょうか？

男性 アメリカに行きます。20万ウォンを米ドルに両替してください。

① 家

❷ 銀行

③ 塾

④ アパート

8　女性 この薬はいつ飲みますか？

男性 1日3回、食事の30分後にお飲みください。

❶ 薬局

② 食堂

③ コーヒーショップ

④ スーパーマーケット

解説 女性が一日の薬の量を聞いていることと男性の答えから判断して、この会話は薬局で行われているものです。

・하루　一日

・식사　食事

9 남자 실례지만 명동에 가려면 몇 번 버스를 타야 해요?

여자 여기에서 421번 버스를 타세요. 파란색이에요.

正解 ❸ 정류장

解説 女性が「여기에서 421번 버스를 타세요. (ここから421番のバスに乗ってください)」と言っているところから判断して、バス停での会話であることがわかります。

10 여자 휴가 때 제주도에 3박 4일로 여행을 가고 싶어요.

남자 네. 호텔과 비행기 예약을 도와 드릴게요.

正解 ❹ 여행사

解説 男性が女性に、ホテルや飛行機の予約をお手伝いすると言っているので、旅行代理店での会話であることが推測されます。

9 男性 すみませんが、明洞に行くには何番のバスに乗らないといけませんか？

女性 ここから421番のバスに乗ってください。青いバスです。

① バス
② 服屋
❸ 停留場
④ 地下鉄駅

10 女性 休暇のとき済州島へ3泊4日で旅行したいです。

男性 はい。ホテルと飛行機の予約をお手伝いしますよ。

① 書店
② 空港
③ ホテル
❹ 旅行代理店

[11~14] 다음은 무엇에 대해 말하고 있습니까? 〈보기〉와 같이 알맞은 것을 고르십시오. ▶ P. 96

보기

가　이 아파트에 살아요?

나　네, 5층에 살아요.

❶ 집　② 역
③ 주소　④ 달력

11 남자 저는 요리사예요. 민지 씨는 무슨 일을 하세요?

여자 저는 의사예요. 병원에서 일해요.

正解 ❶ 직업

解説 「무슨 일을 하세요? (何の仕事をしていますか？)」は、相手の職業を聞くときに使う質問です。「요리사(料理人)」、「의사 (医師)」は職業の一種です。

12 여자 여름 방학이 언제부터예요?

남자 7월 10일부터 학교에 안 가요.

正解 ❹ 날짜

解説 7月10日は日付です。男女は夏休みの開始日について話しています。

・방학 （学校の）休み

・~부터 ~까지　～から～まで

[11~14] 次は何について話していますか？《例》のように適切なものを選んでください。

例

가 このアパートに住んでいますか？

나 はい、5階に住んでいます。

❶ 家　② 駅
③ 住所　④ カレンダー

11 男性 私は料理人です。ミンジさんは何のお仕事をしていますか？

女性 私は医師です。病院で働いています。

❶ 職業
② 場所
③ 会社
④ 名前

12 女性 夏休みはいつからですか？

男性 7月10日から学校に行きません。

① 授業
② カレンダー
③ 季節
❹ 日付

Ex 3 일부터 5 일까지 휴가예요. 3 日から 5 日まで休暇です。

13 남자 밖에 눈이 와요?

여자 네, 눈이 많이 오고 바람도 불어요.

正解 ❸ 날씨

解説 「눈 (雪)」、「바람 (風)」などの単語が使われていることから判断して、話題は天気であることがわかります。

・바람이 불다 風が吹く

・온도 温度

14 여자 네 명이니까 고기를 4인분 시킬까요?

남자 이 집은 냉면이 맛있는데 고기는 3인분만 시키고 냉면 두 그릇을 시킵시다.

正解 ❷ 주문

解説 肉と冷麺がメニューで、4人前と2杯が料理の量です。「주문 (注文)」はメニューの中から何をどれだけ食べるか決めることです。

・주문하다 = 시키다 注文する

13 男性 外は雪が降っていますか？

女性 はい、雪がたくさん降っていて、風も吹いています。

① 場所
② 温度
❸ 天気
④ 顔

14 女性 4人なので、肉を4人前注文しますか？

男性 このお店は冷麺がおいしいから肉は3人前だけ頼んで、冷麺2杯を注文しましょう。

① 味
❷ 注文
③ 肉
④ 食堂

[15~16] 다음을 듣고 듣고 가장 알맞은 그림을 고르십시오.

▶ P. 97

15 여자 이 의자는 어떠세요? 한번 앉아 보세요.

남자 앉으니까 편하고 좋네요. 무엇으로 만들었나요?

正解 ❶

解説 男性がこの椅子は「座り心地がいい」と言っています。よって、正解は①です。

16 남자 날씨가 너무 더우니까 선풍기를 끄고 에어컨을 켜는 게 어때요?

여자 지금 에어컨이 고장 나서 켤 수 없어요.

正解 ❸

解説 男性は扇風機の電源を切ることを提案しているので、扇風機の電源が入っていることを意味する。よって、正解は③です。

・고장 나다 壊れる

[15~16] 次を聞いて、最も適切な絵を選んでください。

15 女性 こちらの椅子はいかがでしょうか？一度座ってみてください。

男性 座ると楽でいいですね。何で作られていますか？

16 男性 天気が暑すぎるので、扇風機を止めて、エアコンをつけてはどうでしょうか？

女性 今、エアコンが壊れているので、つけられないんです。

[17~21] 다음을 듣고 〈보기〉와 같이 대화 내용과 같은 것을 고르십시오. ▶ P. 98~99

보기

가 요즘 한국어를 공부해요?
나 네. 한국 친구한테서 한국어를 배워요.

① 남자는 학생입니다.
② 여자는 학교에 다닙니다.
③ 남자는 한국어를 가르칩니다.
❹ 여자는 한국어를 공부합니다.

17 남자 아주머니 떡볶이 1인분 주문할게요.
여자 손님, 여기에서 드시고 가세요?
남자 아니요, 가지고 갈 거니까 포장해 주세요.

正解 ❷ 남자는 떡볶이를 가지고 갑니다.

解説 男はトッポッキを持っていくと言いました。よって、正解は②です。
① 女性は~~お客さん~~です。
→ 女性はトッポッキを売っています。
③ 女性はトッポッキを 2 人前注文しました。
→ 男性がトッポッキを 2 人前注文しました。
④ 男性は~~食堂でトッポッキを食べます~~。
→ 男性はトッポッキを持っていきます。
・드시고 가다 食べていく（「드시다（召し上がる）」は「먹다（食べる）」の尊敬語）
・(포장해서) 가지고 가다 (包んで)持っていく（包装された食べ物を持ち帰ること）

18 남자 다음 달부터 수영장을 이용하려고 하는데 한 달에 얼마예요?
여자 매일 이용하시면 8만 원이고 일주일에 3일 이용하시면 5만 원이에요.
남자 사람이 적은 시간이 언제예요?
여자 주말보다 평일이 적어요. 아침과 저녁 시간에 사람이 많으니까 낮에 오시는 게 좋고요.

正解 ❹ 낮에는 수영장에 사람이 많지 않습니다.

解説 男性が女性にプールの混雑しない時間帯を尋ね、女性が昼に来るのが良いと答えていることから判断して、正解は④です。
① 朝と夕方は人が~~少ないです~~。
→ 朝と夕方は人が多いです。
② 平日は週末より人が~~多いです~~。

[17~21] 次の文章を聞いて、《例》のように会話の内容と一致するものを選んでください。

例

가 最近、韓国語を勉強していますか？
나 はい、韓国人の友達から韓国語を習っています。

① 男性は学生です。
② 女性は学校に通っています。
③ 男性は韓国語を教えています。
❹ 女性は韓国語を勉強しています。

17 男性 おばさん、トッポッキを1人前お願いします。
女性 お客様、ここで召し上がっていきますか？
男性 いえ、持っていくので包装してください。

① 女性はお客さんです。
❷ 男性はトッポッキを持っていきます。
③ 女性はトッポッキを2人前注文しました。
④ 男性は食堂でトッポッキを食べます。

18 男性 来月からプールを利用しようと思うのですが、ひと月いくらですか？
女性 毎日利用するなら8万ウォン、週3日なら5万ウォンです。
男性 利用者が少ない時間はいつですか？
女性 週末より平日の方が少ないです。朝と夕方は人が多いので、昼に来たほうがいいです。

① 朝と夕方は人が少ないです。
② 平日は週末より人が多いです。
③ 男性は最近水泳を習っています。
❹ 昼間はプールに人が多くありません。

→ 平日の方が週末より人が少ないです。

③ 男性は最近水泳を習っています。

→ 男性は来月からプールを利用する予定です。

・이용（하다）利用（する）

・평일 平日

19 여자 어떤 책을 찾고 계세요?

남자 미국 친구에게 선물할 한국어 책을 고르고 있어요. 어떤 책이 좋을까요?

여자 이 책이 제일 많이 팔려요. 영어 설명이 있고, 다양한 듣기 자료용 MP3 파일도 있거든요.

남자 그렇군요. 혼자 공부하기 쉽겠네요. 이걸로 주세요.

正解 ❸ 남자는 친구에게 책을 선물할 겁니다.

解説 男性が友人に贈るための本を探していることから、正解は③です。

① 女性は~~図書館で~~働いています。

→ 本を売っているところは書店です。

② ~~男性は独りで英語を勉強します~~。

→ アメリカ人の友人は韓国語を勉強します。

④ ~~男性はアメリカ人の友人に韓国語を教えます~~。

→ これは言及されていません。

・고르다 選ぶ

・팔리다 売れる

20 여자 실례합니다. 혹시 가구 코너가 어디에 있는지 아세요?

남자 죄송하지만 이 층에는 신발 코너만 있어서 잘 모르겠어요. 1층 정문 앞에 안내 데스크가 있으니까 가서 한번 물어보세요.

여자 아, 네. 감사합니다. 엘리베이터는 어느 쪽에 있나요?

남자 직진하셔서 오른쪽으로 돌면 화장실 옆에 있어요. 즐거운 쇼핑하세요, 고객님.

正解 ❶ 여자는 지금 신발 코너에 있습니다.

解説 この階には靴売り場しかないという男性の発言から判断して、女性が今靴売り場にいることがわかります。

② 女性は~~インフォメーションデスク~~を探しています。

→ 女性は家具売り場を探しています。

③ ~~インフォメーションデスク~~は化粧室の隣にあります。

→ エレベーターが化粧室の隣にあります。

19 女性 どのような本を探しているのですか？

男性 アメリカ人の友人にプレゼントする韓国語の本を探しています。どのような本がいいですか？

女性 この本が一番多く売れています。英語の解説もありますし、様々なリスニング資料用MP3ファイルもあります。

男性 そうなんですね。独りで勉強しやすいですね。これをください。

① 女性は図書館で働いています。

② 男性は独りで英語を勉強します。

❸ 男性は友人に本をプレゼントします。

④ 男性はアメリカ人の友人に韓国語を教えます。

20 女性 すみません。家具売り場がどこにあるかご存知ですか？

男性 申し訳ございませんが、この階には靴売り場しかないのでよくわかりません。1階の正面玄関の前にインフォメーションデスクがあるので、そちらに行って一度お尋ねください。

女性 ああ、はい。ありがとうございます。エレベーターはどちら側にありますか？

男性 直進して右に曲がると化粧室の隣にあります。楽しいお買い物をしてください、お客様。

❶ 女性は今靴売り場にいます。

② 女性はインフォメーションデスクを探しています。

③ インフォメーションデスクは化粧室の横にあります。

④ 男性は女性をエレベーターまで案内してあげました。

④ 男性は女性をエレベーター~~まで案内してあげました~~。

→ 男性は女性にエレベーターの場所を知らせてあげました。

・물어보다 尋ねる

・직진 (하다) 直進 (する)

21 남자 여보세요, 오늘 7시 공연을 예매했는데 갈 수 없게 됐어요. 환불이 돼요?

여자 네, 그런데 공연 시작 2시간 전까지 공연장에 직접 오셔서 취소하셔야 해요.

남자 알겠습니다. 종로에서 버스로 가는 방법 좀 알려 주시겠어요?

여자 420번 버스를 타시고 장충동 정류장에서 내리시면 공연장이 바로 앞에 있어요.

正解 ❸ 남자는 5시까지 공연장에 가야 합니다.

解説 男性は開演の2時間前までにキャンセルしなければならず、開演は7時なので、正解は③です。

① ~~男性は一人で公演を見ます~~。

→ これは推論できません。

② 公演会場とバス停は~~離れています~~。

→ バス停は公演会場の目の前にあります。

④ ~~公演の予約~~は公演会場でのみすることができます。

→ 払い戻しは公演会場でのみ受けることができます。

＊「N 이/가 되다 (～してよい)」は許可を表します。

Ex 교환이 돼요? 交換できますか？
네 , 교환이 돼요. はい、交換できます。
아니요, 교환이 안 돼요. いいえ、交換できません。

・예매 前売り、予約

・환불 払い戻し、返金

・직접 直接

21 男性 もしもし、今日7時の公演を予約したのですが、行けなくなりました。払い戻しできますか？

女性 はい、ただし、公演が始まる2時間前までに公演会場に直接いらして、キャンセルしなければなりません。

男性 わかりました。鍾路からバスで行く方法を教えていただけますか？

女性 420番のバスに乗って奨忠洞の停留場で降りれば、公演会場は目の前にあります。

① 男性は一人で公演を見ます。

② 公演会場とバス停は離れています。

❸ 男性は5時までに公演会場へ行かなければなりません。

④ 公演の予約は公演会場でのみすることができます。

[22~24] 다음을 듣고 여자의 중심 생각을 고르십시오.

▶ P. 99~100

22 남자 현주 씨, 목소리가 안 좋네요. 감기에 걸렸어요?
여자 네, 지난주에 걸렸는데 주말에 푹 쉬면 괜찮아질 거예요.
남자 아니에요. 가벼운 감기라도 더 심해지기 전에 병원에 가보는 게 좋아요.
여자 걱정해 줘서 고마운데 감기는 피곤할 때 생기는 병이니까 쉬면 돼요.

正解 ❹ 감기에 걸렸을 때 꼭 병원에 가지 않아도 됩니다.

解説 病院に行った方がいいという男性の忠告を女性が受け流したことから判断して、女性は「風邪くらいで病院に行かなくても大丈夫」と考えていると推察できます。よって、正解は④です。

- 심하다 ひどい、深刻だ
- 푹 쉬다 よく休む

23 여자 오늘부터 점심에 식당에 가지 않고 집에서 준비해 온 도시락을 먹으려고요.
남자 대단해요. 준비하는 데 시간이 많이 걸렸을 텐데 귀찮지 않아요?
여자 일찍 일어나는 게 좀 힘들기는 하지만 식사비도 덜 들고 건강에도 좋으니까 괜찮아요.
남자 저는 늦게 일어나는 편이라서 아침에 좀 더 자고 식당에서 먹는 게 낫겠어요.

正解 ❹ 도시락을 먹으면 좋은 점이 많습니다.

解説 お弁当はお金がかからないし、健康にもいいという女性の発言から判断すると、女性はお弁当を食べることには多くの利点があると考えていることが推察されます。

- 대단하다 すごい、素晴らしい
- 귀찮다 面倒くさい

24 남자 회사 이메일을 보셨어요? 회사에서 우산을 빌려주는 서비스를 시작한대요.
여자 갑자기 비가 올 때마다 우산을 사야 했는데 잘됐네요.
남자 그런데 우산을 잃어버리면 만 원을 내야 한대요. 저처럼 우산을 자주 잃어버리는 사람은 빌리면 안 돼요.
여자 잃어버리지 않게 조심하면 되지요. 앞으로는 비가 와도 걱정할 필요가 없겠어요.

[22~24] 次を聞いて、女性が一番言いたいことは何かを選んでください。

22 男性 ヒョンジュさん、声がよくないですね。風邪をひきましたか？
女性 はい、先週風邪をひいたのですが、週末にしっかり休めば大丈夫になります。
男性 いいえ。軽い風邪でも、もっとひどくなる前に病院へ行ってみたほうがいいですよ。
女性 ご心配はありがたいですが、風邪は疲れているときに生じる病気なので、休めば大丈夫です。

① 軽い風邪でも病院へ行かなければなりません。
② 退勤後に一緒に病院へ行きたいです。
③ 風邪がひどくなったら病院へ行きたいです。
❹ 風邪をひいたとき、必ず病院へ行かなくてもよいです。

23 女性 今日からお昼に食堂へ行かずに、家で準備してきたお弁当を食べることにします。
男性 すばらしいですね。準備するのに時間がとてもかかるでしょうに、面倒くさくないですか?
女性 早く起きるのが少し大変ですが、食事代もかからないし健康にもいいので、大丈夫です。
男性 僕は遅く起きる方なので、朝はもう少し寝て、食堂で食べる方がいいですね。

① 食堂の食べ物は高いです。
② 食堂の食べ物は体によくないです。
③ 食堂の食べ物よりお弁当の方が美味しいです。
❹ お弁当を食べるとよい点がたくさんあります。

24 男性 会社のメールを読みましたか？ 会社で傘の貸し出しサービスを始めるそうです。
女性 急に雨が降ってくるたびに傘を買わなければならなかったので、よかったですね。
男性 でも、傘を失くすと1万ウォンを払わなければならないそうです。私みたいに傘をよく失くす人は借りてはいけません。
女性 失くさないように気をつければいいんです。これからは雨が降っても心配する必要がないですね。

① 傘を失くさないように注意しなければなりません。
❷ 傘を貸してくれるサービスができてよいです。

正解 ❷ 우산을 빌려주는 서비스가 생겨서 좋습니다.

解説 女性が「잘됐네요.（よかったですね）」、「걱정하지 않아도 되겠네요.（心配しなくてもいいですね）」と言ったことから判断して、女性は傘の貸し出しサービスを喜んでいると推測できます。よって、正解は②です。

＊「N 처럼（～のように）」は、ある動作や物事が前の名詞と同じか非常によく似ていることを表します。

Ex 아기가 인형처럼 예뻐요. 赤ちゃんが人形のように可愛いです。

・조심하다　用心する

③ 傘を失くしたらお金を払わなければならないので嫌です。
④ 傘を貸してくれるサービスを利用したくありません。

[25~26] 다음을 듣고 물음에 답하십시오. ▶ P. 100

잠시 후 공연이 시작됩니다. 모두 자리에 앉아 주시기 바랍니다. 먼저 저희 공연에 와 주셔서 감사합니다. 공연 전 몇 가지 사항을 말씀드리겠습니다. 공연 중에는 옆 사람과 이야기하지 마십시오. 앞 좌석을 발로 차거나 다리를 올려놓지 마십시오. 공연 후 배우들과 사진을 찍는 시간이 있습니다. 공연 중에는 사진이나 동영상을 찍지 마십시오. 휴대 전화는 지금 바로 끄거나 진동으로 바꿔 주시기 바랍니다. 즐거운 관람 되시기 바랍니다.

25 正解 ❹ 공연 중에 주의할 사항을 부탁하려고

解説 女性は、観客に公演中に守らなければならないいくつかのルールを要求しています。

26 正解 ❸ 공연 후에 배우들과 사진을 찍을 수 있습니다.

解説 女性は、公演後に俳優たちとの写真撮影の時間があると言っています。よって、正解は③です。

① 携帯電話は~~必ず電源を切らなければなりません~~。
→ 携帯電話はマナーモードでも構いません。
② 携帯電話をは~~持ち込むことができません~~。
→ 携帯電話を持ち込んでも構いません。
④ 公演中に~~写真は撮影できますが、~~動画は撮影できません。
→ 写真撮影も禁止です。

・좌석　座席
・관람　観覧

[25~26] 次を聞いて、質問に答えてください。

まもなく公演が始まります。皆様、席にお座りください。まずは、私たちの公演にお越しいただきありがとうございます。開演前にいくつか注意事項をお知らせいたします。公演中に隣の人と話をしないでください。前の座席を蹴ったり、足を乗せたりしないでください。終演後、俳優たちとの写真撮影の時間があります。そのため、公演中に写真やビデオは撮らないでください。携帯電話は今すぐ電源を切るか、マナーモードに変えてください。観覧をお楽しみください。

25 女性がなぜこの話をしているのか選んでください。

① 公演の写真を撮ろうとして
② 公演の内容を説明しようとして
③ 公演の俳優を紹介しようとして
❹ 公演中に注意すべき事項をお願いしようとして

26 聞いた内容と同じものを選んでください。

① 携帯電話は必ず電源を切らなければなりません。
② 携帯電話は持ち込むことができません。
❸ 公演後に俳優たちと写真を撮ることができます。
④ 公演中に写真は撮影できますが、動画は撮影できません。

[27~28] 다음을 듣고 물음에 답하십시오. ▶ P. 100~101

남자 뭘 그렇게 보고 있어요?

여자 비행기 안에 가지고 탈 가방이 필요해서 인터넷에서 찾아 보고 있어요.

남자 직접 보고 사는 게 낫지 않아요? 받았는데 광고와 달라서 실망하면 어떻게 해요?

여자 반품하면 되지요. 구매일부터 7일까지 반품할 수 있고 배달한 분이 직접 와서 가져가요.

남자 생각보다 간편하네요. 그럼 이 까만색 가방이 어때요? 바퀴가 4개라서 끌기 쉬워 보여요.

여자 까만색이라서 쉽게 더러워지지도 않겠네요. 이걸로 해야겠어요.

27 正解 ❹ 인터넷으로 가방 구매하기

解説 女性が機内に持ち込むカバンを買おうとインターネットで検索しているところ、男性が横でアドバイスしています。よって、正解は④です。

28 正解 ❷ 기내에 들어가는 가방을 사려고 합니다.

解説 女性は機内に持ち込むカバンが必要です。よって、正解は②です。

① ~~品物を受け取るのに~~7日かかります。

→ 返品可能な期間が7日です。

③ ~~購入した~~カバンが広告と違ってがっかりしました。

→ 女性はカバンを購入していません。

④ 返品するには~~郵便局から商品を送らなければ~~なりません。

→ 配達した人が来て持っていきます。

・구매(하다) 購入(する)

・반품하다 返品する

[27~28] 次を聞いて、質問に答えてください。

男性 何をそんなに見ているのですか?

女性 飛行機の機内に持ち込むカバンが必要なので、インターネットで探しているんです。

男性 直接見て買ったほうがよくないですか?受け取ったけれど広告と違ってがっかりしたらどうするんですか?

女性 返品すればいいんですよ。購入日から7日まで返品可能で、配達した方が直接来て持っていきます。

男性 思ったより簡単ですね。では、この黒いカバンはどうですか? 車輪が4つなので引きやすそうに見えます。

女性 黒色だから、簡単に汚れないですね。これにしないといけませんね。

27 2人が何について話しているのか選んでください。

① インターネット広告の問題点
② インターネット商品の配送期間
③ インターネット商品の配達方法
❹ インターネットでカバンを購入すること

28 聞いた内容と同じものを選んでください。

① 品物を受け取るのに7日かかります。
❷ 機内に持ち込むカバンを買おうとしています。
③ 購入したカバンが広告と違ってがっかりしました。
④ 返品するには郵便局から商品を送らなければなりません。

[29~30] 다음을 듣고 물음에 답하십시오. ▶ P. 101

여자 안녕하세요. 어제 노트북을 수리했는데, 하루 만에 또 고장 나서 왔어요.

남자 아 그래요? 혹시 노트북을 껐다가 켜 보셨어요?

여자 이미 여러 번 해 봤는데 안 돼요. 오전에는 잘 사용했는데, 지금은 화면도 안 나와요. 어제 고친 건데 너무 자주 고장 나는 거 아니에요?

남자 정말 죄송합니다. 어떤 문제가 있는지 바로 확인해 보겠습니다.

여자 2시간 후에 회의가 있는데, 중요한 자료가 노트북 안에 있어서 급하니까 빨리 수리해 주세요.

남자 네, 한 시간이면 충분히 수리할 수 있으니까 조금만 기다려 주세요.

29 正解 ❶ 노트북에 문제가 생겨서

解説 女性は、昨日ノートパソコンを直してもらったのに、一日でまた壊れてしまったので来た、と言っています。このことから、①ノートパソコンに問題があるから来たと推察できます。

・수리하다 修理する

・화면 画面

30 正解 ❹ 남자는 회의 시간 전에 수리해 줄 겁니다.

解説 男性は1時間あれば直せると言っているので、2時間後の彼女の会議までに直します。したがって、答えは④です。

① 女性は昨日ノートパソコンを~~買いました~~。

→ ノートパソコンを修理しました。

② ノートパソコンは~~昨夜に~~故障しました。

→ 午前までちゃんと使えていました。

③ ノートパソコンを消してからつけると、画面が~~出てきます~~。

→ 画面も映りません。

[29~30] 次を聞いて、質問に答えてください。

女性 こんにちは。昨日ノートパソコンを修理したんですが、1日でまた壊れたので来ました。

男性 ああ、そうなんですか？ ノートパソコンを消してからつけてみましたか？

女性 すでに何度かやってみたんですが、ダメでした。午前にはちゃんと使えていたのに、今は画面も映らないんです。昨日直したばかりなのに、頻繁に壊れすぎじゃないですか？

男性 本当に申し訳ありません。どんな問題があるのかすぐに確認してみます。

女性 2時間後に会議があるのに、重要な書類がノートパソコンに入っていて急いでいるので、早く直してください。

男性 はい、1時間もあれば十分に直せますので、少しお待ちください。

29 女性がこの場所に来た理由を選んでください。

❶ ノートパソコンに問題が生じて
② 会議資料をお願いしようとして
③ 会議の時間を知らせようとして
④ ノートパソコンの使用方法が気になって

30 聞いた内容と同じものを選んでください。

① 女性は昨日ノートパソコンを買いました。
② ノートパソコンは昨夜に故障しました。
③ ノートパソコンを消してからつけると、画面が出てきます。
❹ 男性は会議の時間の前に修理してくれます。

リーディング問題文の翻訳

[31~33] 무엇에 대한 내용입니까? 〈보기〉와 같이 알맞은 것을 고르십시오.

▶ P. 102

보기

아버지는 의사입니다. 어머니는 은행원입니다.

① 주말　❷ 부모　③ 병원　④ 오빠

31 공책은 천 원입니다. 연필은 오백 원입니다.

正解 ❶ 값

解説 「천 원 (1,000ウォン)」や「오백 원 (500ウォン)」は、値段の話であることを表しています。

32 친구는 커피를 마십니다. 저는 녹차를 마십니다.

正解 ❷ 음료

解説 「커피 (コーヒー)」と「녹차 (緑茶)」は「음료 (飲み物)」です。

33 아침에 산에 올라갔습니다. 산이 높아서 시간이 오래 걸렸습니다.

正解 ❸ 등산

解説 山に登りに行くことは「등산 (登山)」なので、正解は③です。

[31~33] 何に関する話ですか?《例》のように適切なものを選んでください。

例

私の父は医師です。私の母は銀行員です。

① 週末　❷ 両親
③ 病院　④ 兄（女性から見た）

31 ノートは1,000ウォンです。鉛筆は500ウォンです。

❶ 値段
② 本
③ 学校
④ カバン

32 友人はコーヒーを飲みます。私は緑茶を飲みます。

① 友人
❷ 飲み物
③ 食べ物
④ 趣味

33 今朝、山に登りました。山が高いので、時間が長くかかりました。

① 休暇
② 気分
❸ 登山
④ 旅行

[34~39] 〈보기〉와 같이 (　)에 들어갈 말로 가장 알맞은 것을 고르십시오.

▶ P. 102~103

보기

저는 (　)에 갔습니다. 책을 샀습니다.

① 극장　❷ 서점　③ 공원　④ 세탁소

34 저는 남자 친구(　　) 생일 선물을 줄 겁니다.

正解 ❷ 에게

解説 プレゼントを受け取る側の名詞「남자 친구(彼氏)」に助詞「에게」をつけます。よって、正解は②です。

＊助詞「에게 / 한테 (～に)」は、人や生き物を表す名詞に付け、その名詞が動作の受け手や対象であることを示します。

・사람 + 에게 / 한테 주다　(人)に与える

[31~33]《例》のように(　)に入る最も適切なものを選んでください。

例

(　)に行きました。本を買いました。

① 劇場　❷ 書店
③ 公園　④ クリーニング屋

34 私は彼氏(　)誕生日プレゼントをあげます。

① ～で
❷ ～に
③ ～で
④ ～から

＊「에게서 / 한테서 (～から)」は人や生き物を表す名詞につけて、その名詞が与える側であることを示す助詞です。

・사람 + 에게서 / 한테서 받다 （人) からもらう

35 공부할 때 모르는 단어가 있으면 (　　　)을 찾습니다.

正解 ❹ 사전

解説 「사전 (辞書)」とは、言葉の定義が書いてある本のことです。

36 방이 너무 습하고 덥습니다. 그래서 에어컨을 (　　　).

正解 ❷ 켰습니다

解説 湿度が高く暑いときにエアコンをつけます。よって、正解は②です。

37 공항에 (　　　) 가야 합니다. 그런데 길이 막힙니다.

正解 ❸ 빨리

解説 「그런데(しかし)」は接続副詞で、前後の文が矛盾するときに使われます。

38 엄마가 혼자 청소를 하십니다. 엄마를 (　　　).

正解 ❹ 도와드립니다

解説 お母さんは一人で掃除をしているので、空欄に当てはまるのは「도와드리다 (手伝う)」が最も適切な単語です。

39 2호선을 탔습니다. 다음 역에서 3호선으로 (　　　).

正解 ❷ 갈아탑니다

解説 地下鉄や交通機関を「乗り換える」ことを「갈아타다」と言います。

35 勉強するときに知らない単語があったら(　　)を調べます。

① カバン
② ノート
③ 鉛筆
❹ 辞書

36 部屋がとても蒸し暑いです。なので、エアコンを(　　)。

① 消しました
❷ つけました
③ 閉めました
④ 開けました

37 空港に(　　)行かなければなりません。しかし、道が混んでいます。

① ときどき
② もう
❸ 早く
④ すでに

38 お母さんが一人で掃除をしています。お母さんを(　　)。

① 呼びます
② 紹介します
③ 整理します
❹ お手伝いします

39 2番線に乗りました。次の駅で3番線に(　　)。

① 降ります
❷ 乗り換えます
③ 上がります
④ 降りていきます

[40~42] 다음을 읽고 맞지 않는 것을 고르십시오. ▶ P. 104~105

40

〈한국 피자〉
– 배달 아르바이트 구함
– 근무 시간: 평일 12~20시
　　　　　　주말 12~23시
– 급여: 시간당 9,200원
– 20세 이상 / 오토바이 운전면허증 필요

正解 ❹ 월요일부터 일요일까지 8시간씩 일합니다.

解説 「토요일 (土曜日)」と「일요일 (日曜日)」で「주말 (週末)」です。週末の労働時間は12時から23時までと書いてあるので、週末の労働時間の長さは11時間ということになります。

・운전면허증　運転免許証

[40~42] 次を読んで、正しくないものを選んでください。

40

韓国ピザ
- 配達アルバイト募集
- 勤務時間：平日12時～20時
　　　　　週末12時～23時
- 給与：時給9,200ウォン
- 20歳以上 / バイクの運転免許証　必要

① 1時間に9,200ウォンを受け取ります。
② ピザを配達する人が必要です。
③ バイクの運転免許証がないといけません。
❹ 月曜日から日曜日まで8時間ずつ働きます。

41

♣ 박물관 관람 안내 ♣
- ▶ 3월~9월: 09:00~18:00
- ▶ 10월~2월: 09:00~17:00
- ▶ 휴관일: 매주 월요일, 매년 1월 1일
- ▶ 입장료: 어른 5,000원 학생 2,000원 7세 이하 무료

正解 ❹ 1월에는 오후 6시까지 관람할 수 있습니다.

解説 10月から2月までは午前9時開館、午後5時閉館と書いてあるので、1月は午後5時に閉館することが推察されます。

42

영 수 증

슈퍼마트 종로점 2022년 1월 12일

품명	단가(원)	수량	금액(원)
오이	1,000	5	5,000
맥주	2,500	1	2,500
감자	800	6	4,800

합계 12,300
받은 돈 (현금) 13,000
거스름돈 700

正解 ❸ 물건값은 총 만 삼천 원입니다.

解説 「총 (合計)」はすべての価格の合計で、「합계」と同じ意味です。商品価格は合計で12,300ウォンです。13,000ウォンは、お客さんが最初に渡した金額です。よって、正解は③です。

41

博物館　観覧案内

3月～9月：9:00～18:00
10月～2月：9:00～17:00
休館日：毎週月曜日、毎年1月1日
入場料：大人5,000ウォン　学生2,000ウォン　7歳以下は無料

① 博物館は月曜日ごとに休みです。
② 5歳児は入場料が無料です。
③ 1月1日には観覧することができません。
❹ 1月には午後6時まで観覧することができます。

42

領収書

スーパーマート 鍾路店 2022年1月12日

品目	単価(ウォン)	数量	価格(ウォン)
キュウリ	1,000	5	5,000
ビール	2,500	1	2,500
ジャガイモ	800	6	4,800

合計 12,300
受取金額(現金) 13,000
おつり 700

① キュウリを5個買いました。
② 現金で精算しました。
❸ 品物代は全部で1万3千ウォンです。
④ スーパーマート鍾路店で買いました。

[43~45] 다음을 읽고 내용이 같은 것을 고르십시오.

▶ P. 105~106

43 아침에 버스를 탔습니다. 그런데 지갑을 놓고 내렸습니다. 버스 회사에 지갑을 찾으러 갔지만 지갑이 없었습니다.

正解 ❷ 지갑을 못 찾았습니다.

解説 語り手は、バス会社に財布を探しに行ったが、そこにはなかったと言っています。したがって、正解は②です。

① 財布を見つけました。
→ 財布はありませんでした。

[43~45] 次を読んで、内容が一致するものを選んでください。

43 朝バスに乗りました。しかし、財布を置いて降りてしまいました。バス会社に財布を探しに行きましたが、財布がありませんでした。

① 財布を見つけました。
❷ 財布を見つけられませんでした。
③ バス会社で働きます。
④ バス会社に電話しました。

③ ~~バス会社で働きます~~。

→ 記載されていない内容です。

④ バス会社に~~電話しました~~。

→ バス会社に行きました。

44 낮에는 택시가 빠릅니다. 하지만 아침에는 길이 막혀서 느립니다. 그래서 저는 보통 지하철을 타고 회사에 갑니다.

正解 ❸ 아침에는 보통 지하철을 탑니다.

解説 語り手は、朝は渋滞でタクシーが遅いので、普段は地下鉄で通勤していると言っています。よって、正解は③です。

① ~~昼間は地下鉄に乗ります~~。

→ これは推測できません。

② 昼間は~~タクシーで会社に行きます~~。

→ これは推測できません。

④ ~~会社が地下鉄の駅の近くにあります~~。

→ 記載されていない内容です。

45 휴일에 병원에 갔는데 사람이 많아서 오래 기다렸습니다. 평일에는 사람이 적어서 기다리지 않습니다. 다음에는 평일에 갈 겁니다.

正解 ❹ 다음에는 사람이 적은 평일에 갈 겁니다.

解説 平日は人が少ないので、平日に病院に行くという語り手の発言から判断して、正解は④です。

① 病院は~~いつもお客さんが多いです~~。

→ 病院は平日の方が人が少ないです。

② 休日よりも~~平日に~~人が多いです。

→ 休日の方が平日より人が多いです。

③ ~~朝の時間には長く待たなければなりません~~。

→ 記載されていません。

44 昼間はタクシーが速いです。しかし、朝は道が混んでいて遅いです。だから、私は普段地下鉄に乗って会社に行きます。

① 昼間は地下鉄に乗ります。
② 昼間はタクシーで会社に行きます。
❸ 朝は普通地下鉄に乗ります。
④ 会社が地下鉄の駅の近くにあります。

45 休日に病院に行きましたが、人が多くて長く待ちました。平日は人が少ないので待ちません。今度は平日に行きます。

① 病院はいつもお客さんが多いです。
② 休日より平日に人が多いです。
③ 朝の時間には長く待たなければなりません。
❹ 次には人が少ない平日に行きます。

[46~48] 다음을 읽고 중심 내용을 고르십시오. ▶ P. 106~107

46 제 컴퓨터는 오래됐습니다. 그래서 새 컴퓨터가 필요합니다. 주말에 남자 친구와 전자 상가에 갈 겁니다.

正解 ❸ 주말에 새 컴퓨터를 살 겁니다.

解説 語り手は新しいコンピュータが必要で、家電量販店に行くと言っています。したがって、彼女は新しいコンピュータを買うのだろうと推測できます。

・오래되다　古くなる

[46~48] 次を読んで、一番言いたいことは何かを選んでください。

46 私のコンピュータは古くなりました。なので、新しいコンピュータが必要です。週末に彼氏と一緒に家電量販店に行きます。

① 私は新しいものが好きです。
② 私は私のコンピュータがよいです。
❸ 週末に新しいコンピュータを買います。
④ 私は家電量販店に行ってみたいです。

47 저는 미국 사람이고 영어 선생님입니다. 한국어를 배우고 싶습니다. 저한테 한국어를 가르쳐 주실 분은 전화 주십시오.

正解 ❶ 한국어 선생님을 찾고 있습니다.

解説 語り手は韓国語を習いたいと考えており、韓国語を教えてくれる人からの電話を望んでいることから、韓国語の先生を探していると推察されます。よって、正解は①です。

48 저는 스트레스를 받으면 사탕이나 초콜릿을 찾습니다. 사탕과 초콜릿은 달아서 먹으면 기분이 좋아지고, 기분이 좋아지면 스트레스가 풀리기 때문입니다.

正解 ❹ 스트레스를 받을 때 단것을 먹으면 풀립니다.

解説 語り手は、ストレスを受けると飴やチョコレートが欲しくなる理由を語っています。よって、正解は④です。

47 私はアメリカ人で英語の教師です。韓国語を習いたいです。私に韓国語を教えてくれる方は電話してください。

❶ 韓国語の先生を探しています。
② 私は英語を教えたいです。
③ 私は韓国語の勉強が面白いです。
① 私は英語を教えることが楽しいです。

48 私はストレスを受けると飴やチョコレートが欲しくなります。飴とチョコレートは甘いので食べると気分が良くなって、気分が良くなるとストレスが発散されるからです。

① 飴とチョコレートは甘いです。
② ストレスを受けると大変です。
③ 最近ストレスをたくさん受けています。
❹ ストレスを受けたとき甘いものを食べると解消されます。

[49~50] 다음을 읽고 물음에 답하십시오. ▶ P. 107~108

운전 중에 전화가 오면 어떻게 하십니까? 운전하면서 그냥 전화를 받는 사람도 있을 것입니다. 그러나 이런 경우도 술을 마시고 운전하거나 졸릴 때 운전하는 것과 같이 사고의 위험이 높습니다. 이럴 때는 여러분의 (㉠) 차를 길옆에 세우고 전화를 받으십시오.

49 正解 ❹ 안전을 위해서

解説 運転中に電話に出ると危険なので、危険にならないよう (=身の安全のため)に車を止めます。

＊「V- 기 위해서 (～のために)」は、何かのために、あるいは何かを成し遂げるために行動を起こすときに使います。

Ex 시험에 합격하기 위해서 열심히 공부합니다. 試験に合格するために一生懸命勉強します。

50 正解 ❸ 운전 중에 전화를 받으면 사고가 나기 쉽습니다.

解説 ① ~~車を停めることは危険です。~~

→ 車を止めてから電話に出るのは安全です。

② ~~運転中に電話に出たら罰金を払わなければなりません。~~

→ 記載されていない内容です。

④ ~~酒を飲んで運転することは電話に出ることより危険です。~~

→ どちらも危険です。

- 졸리다 眠くなる
- 사고 事故
- 위험 危険
- 세우다 停める

[49~50] 次を読んで、質問に答えてください。

運転中に電話がかかってきたら、どうしますか？ 運転しながら、なんとなく電話に出る人もいるでしょう。ですがこの場合も、お酒を飲んで運転したり、眠いときに運転するのと同様に、事故の危険性が高いです。このようなときは、皆さんの (㉠) 車を道の端に停めて電話に出てください。

49 ㉠に入る適切な言葉を選んでください。

① 仕事のために
② 車のために
③ 時間のために
❹ 安全のために

50 上の文の内容と一致するものを選んでください。

① 車を道の端に停めることは危険です。
② 運転中に電話に出たら罰金を払わなければなりません。
❸ 運転中に電話に出たら事故が起こりやすいです。
④ 酒を飲んで運転することは電話に出ることより危険です。

[51~52] 다음을 읽고 물음에 답하십시오. ▶ P. 108

사람의 몸은 70%가 물이기 때문에 물은 우리에게 중요합니다. 물을 잘 알고 마시면 건강해질 수 있습니다. 아침에 일어나자마자 물을 한 잔 드십시오. 차가운 물보다는 따뜻한 물이 좋고 조금씩 나눠서 천천히 마시는 것이 좋습니다. 우리 모두 물을 마시고 젊고 (㉠) 삽시다.

51 正解 ❷ 건강하게

解説 「삽시다 (生きよう)」は動詞なので、動詞を修飾する副詞「건강하게 (健康に)」を探す必要があります。よって、正解は②です。

＊「- 게」は文中で副詞として働き、その後に続く動作の目的、根拠、程度、方法、あるいは何らかの考えを表わします。副詞形は、形容詞の語幹に「- 게」をつけて作ります。

Ex 작게 말해요. 声を小さく話してください。
안 맵게 해 주세요. 辛くしないでください。

52 正解 ❷ 물을 마시는 방법

解説 語り手は水の飲み方について、水の適温、飲むタイミング、飲む速さなどに言及しながら話しています。よって、正解は②です。

・중요하다 重要だ
・나누다 分ける

[51~52] 次を読んで、質問に答えてください。

人の体は70%が水分でできているので、水は私たちにとって大切です。水についてよく知り、飲めば健康になれます。朝起きたらすぐに水を1杯飲んでください。冷たい水より温かい水の方がよく、少しずつゆっくり飲むとよいです。水を飲んで、若々しく (㉠) 生きましょう。

51 ㉠に入る適切な言葉を選んでください。

① 健康な
❷ 健康に
③ 健康であれば
④ 健康だったり

52 何についての話なのか正しいものを選んでください。

① 水を飲む速度
❷ 水を飲む方法
③ 水を飲む時間
④ 健康によい食べ物

[53~54] 다음을 읽고 물음에 답하십시오. ▶ P. 109

한국에 유학 온 지 10년이 되었습니다. 한국은 저에게 고향 같은 곳입니다. 옛날에는 한국말을 잘 못해서 물건도 못 샀는데 지금은 가격도 잘 깎고 김치도 혼자서 담가 먹습니다. 제가 자주 가는 반찬 가게 아주머니는 저를 딸이라고 부르면서 반찬을 더 주십니다. 곧 졸업하고 고향에 돌아가야 하는데 고향에 가면 한국이 많이 (㉠).

53 正解 ❹ 그리울 것 같습니다

解説 故郷に帰ってから、語り手が韓国をどう感じるか、推測してみてください。語り手は韓国を故郷のように思っていると言っているので、故郷に帰ったら韓国が恋しくなるのだろうと推察できます。よって、正解は④です。

＊「-(으) ㄹ 것 같다」は、未来について漠然とした推測をするときに使います。

Ex 떡볶이는 빨개서 매울 것 같아요. トッポッキは赤いから辛そうです。

[53~54] 次を読んで、質問に答えてください。

韓国に留学しに来てから10年になりました。韓国は私にとって故郷のような場所です。昔は韓国語がうまく話せなかったので、品物も買えませんでしたが、今はうまく値切れるし、キムチも一人で漬けて食べます。私がよく行くバンチャン（おかず屋）さんのおばさんは、私のことを娘だと呼びながら、バンチャンをおまけしてくれます。もうすぐ学校を卒業し、故郷に帰らなければなりませんが、故郷に帰ったら韓国がとても (㉠)。

53 ㉠に入る適切な言葉を選んでください。

① 来るつもりです
② 思い出します
③ 住みたいです
❹ 懐かしく思います

54 正解 ❶ 지금은 한국 생활에 익숙해졌습니다.

解説 語り手の「値切りもできるし、キムチも作れる」という発言から判断して、正解は①です。

② 恥ずかしくて品物の価格を~~うまく値切れません~~。

→ 私は値切りが上手です。

③ ~~母が~~おかず屋さんで働いています。

→ おかず屋のおばさんは、私のことを娘と呼びますが、私の母ではありません。

④ ~~韓国で生まれて~~外国で育ちました。

→ 私は韓国で勉強するために来ました。

- 서투르다 苦手だ
- 서운하다 名残惜しい、残念に思う

54 上の文の内容と一致するものを選んでください。

❶ 今は韓国の生活に慣れました。
② 恥ずかしくて品物の価格をうまく値切れません。
③ 母がおかず屋さんで働いています。
④ 韓国で生まれて外国で育ちました。

[55~56] 다음을 읽고 물음에 답하십시오. ▶ P. 109~110

'부탁해요'라는 분홍색 오토바이를 본 적이 있으신가요? '부탁해요'는 음식이나 꽃, 물건, 서류 등을 손님이 원하는 곳으로 배달하는 서비스입니다. 이동 거리와 서비스의 종류에 따라서 요금을 계산합니다. (㉠) 서비스 전에 돈을 받습니다. 집에서 유명 식당의 음식을 편하게 먹고 싶거나 물건을 빨리 받아야 할 때 이용해 보십시오.

55 正解 ❸ 그리고

解説 ㉠の後の文は補足説明なので、似たような内容の2つの文をつなぐ③「그리고」を使うべきでしょう。

56 正解 ❷ 서비스 요금은 거리마다 다릅니다.

解説 語り手の発言から、顧客は配送距離に応じて課金されます。よって、正解は②です。

① 食べ物を~~配達した後~~に精算します。

→ 料理が届く前に支払います。

③「ブタケヨ」は~~食べ物を配達する~~サービスです。

→「ブタケヨ」は、花、商品、書類も配達します。

④ ~~サービス時間~~によって料金を精算します。

→ 配達距離やサービスの種類によって料金が変わります。

- N에 따라서 Nによっては

Ex 피자 크기에 따라서 가격이 다릅니다. ピザの大きさによって料金が異なります。

- 이동 거리 移動距離

[55~56] 次を読んで、質問に答えてください。

「ブタケヨ」というピンクのバイクを見たことがありますか? 「ブタケヨ」は、食べ物や花、商品、書類などを、お客さんが望む場所に配達するサービスです。移動距離やサービスの種類によって料金を計算します。(㉠) サービスの前にお金を受け取ります。家で有名なレストランの料理を手軽に食べたいときや、商品を早く受け取らなければならないときに利用してみてください。

55 ㉠に入る適切な言葉を選んでください。

① それで
② ところで
❸ そして
④ それでは

56 上の文の内容と一致するものを選んでください。

① 食べ物を配達した後に精算します。
❷ サービスの料金は距離ごとに異なります。
③「ブタケヨ」は食べ物を配達するサービスです。
④ サービス時間によって料金を精算します。

[57~58] 다음을 순서에 맞게 배열한 것을 고르십시오.

▶ P. 110

57 (가) 더운 여름에는 에어컨을 오래 사용합니다.
(나) 에어컨 온도를 27도로 하는 게 좋습니다.
(다) 하지만 에어컨을 오래 켜는 것은 몸에 좋지 않습니다.
(라) 그리고 방의 온도가 너무 낮으면 감기에 걸릴 수 있으니까

正解 ❶ (가) - (다) - (라) - (나)

解説 選択肢はすべて (가) から始まります。エアコンを長く使うことのデメリットについて書かれた文章なので、(가) の後に (다) が来るはずです。(나) が続いて初めて (라) が完全な文になるので、(나) は (라) の後に来ます。よって、正解は①です。

58 (가) 다음에는 제일 뒷자리에 앉을 겁니다.
(나) 퇴근 후에 동료와 영화를 보러 갔습니다.
(다) 영화를 보는데 뒷사람이 의자를 여러 번 찼습니다.
(라) 불편해서 뒷사람에게 이야기를 했지만 듣지 않았습니다.

正解 ❷ (나) - (다) - (라) - (가)

解説 選択肢はすべて (나) から始まります。(라) は (다) の理由なので (라) の後に来るべきで、(가) は語り手が結論を出す文なので最後に来ます。よって、正解は②です。
・불편하다 不快だ

[57~58] 次を順番に正しく並べたものを選んでください。

57
(가) 暑い夏にはエアコンを長く使います。
(나) エアコンの温度を27度に設定するのは良いことです。
(다) しかし、エアコンを長くつけることは体によくありません。
(라) また、室温が低すぎると風邪を引くこともあるので

58
(가) 今度は一番後ろの席に座ります。
(나) 退勤後に同僚と映画を見に行きました。
(다) 映画を見ていると、後ろの人が椅子を何度も蹴りました。
(라) 不快に感じたので、後ろの人に話しかけましたが、聞いてくれませんでした。

[59~60] 다음을 읽고 물음에 답하십시오. ▶ P. 111

'낮잠 카페'에서는 차도 마시고 잠도 잘 수 있습니다. (㉠) 차를 시키면 한 시간 동안 잘 수 있고 추가 요금을 내면 더 있을 수 있습니다. (㉡) 침대처럼 넓은 소파와 편한 분위기 때문에 (㉢) 낮잠 카페에는 혼자 오는 사람도 많습니다. (㉣) 그래서 이 시간에 이용하려면 예약을 해야 합니다.

59 正解 ❷ ㉣

解説 この文は「점심시간 (昼休み)」について述べており、(㉣) の後の「이 시간 (この時間)」は前に述べた時間を言い直したものです。しかし、具体的な時間は文の前では述べられていないので、(㉣) の中に入れる必要があります。

[59~60] 次を読んで、質問に答えてください。

「昼寝カフェ」ではお茶も飲んで昼寝もすることができます。(㉠) お茶を注文すれば1時間は眠れるし、追加料金を払えばもっと長くいることもできます。(㉡) ベッドのような広いソファーと快適な雰囲気のために (㉢) 昼寝カフェに一人で来る人も多いです。(㉣) そのため、この時間に利用するには予約しなければなりません。

59 次の文が入るところを選んでください。

特に昼休みに「昼寝カフェ」を訪れる会社員たちが多いです。

60 正解 ❷ 한 시간 이상 자려면 돈을 내야 합니다.

解説 語り手によると、寝られるのは1時間ですが、追加料金を払えばそれ以上滞在することも可能です。よって、正解は②となります。

① ~~一人でのみ入ることができます~~。

→ 記載されていない内容です。

③ 利用する前に~~いつも~~予約をしなければなりません。

→ 昼休みなど混雑する時間帯は予約したほうがいいです。

④ カフェには広い~~ベッド~~が用意されています。

→「昼寝カフェ」にはベッドのような広いソファーが用意されています。

・추가 요금　追加料金

60 次の上の文の内容と一致するものを選んでください。

① 一人でのみ入ることができます。
❷ 1時間以上寝るならお金を払わなければなりません。
③ 利用する前にいつも予約をしなければなりません。
④ カフェには広いベッドが用意されています。

[61~62] 다음을 읽고 물음에 답하십시오. ▶ P. 112

어제 처음으로 동료들과 야구장에 갔습니다. 처음엔 게임 규칙을 (㉠) 지루했는데 동료가 옆에서 설명해 줘서 2회부터는 재미있게 봤습니다. 열심히 응원해서 목이 아팠지만 우리가 응원한 팀이 이겨서 기뻤습니다. 팀에서 제일 유명한 선수의 이름이 있는 티셔츠도 샀습니다.

61 正解 ❸ 이해하지 못해서

解説 語り手は、㉠の後に同僚がルールを説明したと言っています。したがって、語り手が退屈していた理由である③「이해하지 못해서 (理解できなかったので)」が当てはまります。

62 正解 ❶ 동료가 규칙을 설명해 줬습니다.

解説 語り手によると、隣に座っていた同僚がルールを説明したそうです。よって、正解は①です。

② ~~同僚たちは野球場へよく行きます~~。

→ 記載されていません。

③ ~~チームの名~~前が入ったＴシャツを買いました。

→ 有名な選手の名前が入ったＴシャツを買いました。

④ ~~最初の試合は応援したチームが負けました~~。

→ 私が応援したチームは試合に勝ちました。

・규칙　規則、ルール

・응원하다　応援する

[61~62] 次を読んで、質問に答えてください。

昨日初めて同僚たちと野球場に行きました。最初は試合のルールが（ ㉠ ）退屈しましたが、同僚が隣で説明してくれたので、2回からは楽しく観戦しました。一生懸命応援して喉が痛くなりましたが、私たちが応援したチームが勝ったのでうれしかったです。そのチームで一番有名な選手の名前が入ったTシャツも買いました。

61 ㉠に入る適切な言葉を選んでください。

① 聞こえなくて
② 考えられなくて
❸ 理解できなくて
④ 計算できなくて

62 上の文の内容と一致するものを選んでください。

❶ 同僚がルールを説明してくれました。
② 同僚たちは野球場へよく行きます。
③ チームの名前が入ったTシャツを買いました。
④ 最初の試合は応援したチームが負けました。

[63~64] 다음을 읽고 물음에 답하십시오. ▶ P. 113

주민 여러분, 주민 센터에서 '가을 바자회'를 할 계획입니다. 10월 5일까지 읽지 않는 책이나 입지 않는 옷, 사용하지 않는 물건들을 주민 센터로 가지고 오시면 모인 물건을 깨끗하게 정리해서 10일부터 12일까지 3일간 판매합니다. 판매한 돈으로 주민 도서관의 새 책을 사려고 합니다. 많은 관심 부탁드립니다.

63 正解 ❸ 바자회 참여를 부탁하려고

解説 語り手の発言から判断すると、住民がコミュニティサービスセンターに物を持ってきて初めてバザーが開催できるので、語り手は住民に参加を促しているのだと推測できます。

64 正解 ❷ 물건을 5일까지 주민 센터로 가지고 가면 됩니다.

解説 語り手は、住民が10月5日までに使わないものを持ってくれば、きれいに並べると言っています。よって、正解は②です。

① ~~10日から3日~~間使わない品物を受け取ります。

→ 10月5日まで受け付けています。

③ 使わない品物を持って来れば、~~違う品物に交換してくれます~~。

→ 住民が持ち寄ったものを集めて販売します。

④ ~~住民センターの~~品物を売って、新しい本を購入しようとしています。

→ 住民が持ってきた品物を販売する予定です。

・바자회　バザー

・판매하다　販売する

[63~64] 次を読んで、質問に答えてください。

住民の皆さん、住民センターで「秋のバザー」を開催する予定です。10月5日までに読まない本や着ない服、使わない物などを、住民センターに持ってきてくだされば、集まった品物をきれいに並べて10日から12日までの3日間販売します。販売の利益で住民図書館の新しい本を購入します。多くの関心をお願いいたします。

63 なぜ上の文を書いたのか正しいものを選んでください。

① バザーの開始を知らせるために
② バザーへの参加に感謝するために
❸ バザーへの参加をお願いするために
④ 図書館の本の購入について説明するために

64 上の文の内容と一致するものを選んでください。

① 10日から3日間使わない品物を受け取ります。
❷ 品物は5日までに住民センターに持っていけばよいです。
③ 使わない品物を持って来れば、違う品物に交換してくれます。
④ 住民センターの品物を売って、新しい本を購入しようとしています。

[65~66] 다음을 읽고 물음에 답하십시오. ▶ P. 113~114

요즘 박물관들이 '박물관은 (㉠)'라는 사람들의 생각을 바꾸려고 노력하고 있습니다. 북촌 전통 박물관은 옛날 사람들의 방법으로 떡 만들기, 한복 입어 보기 등의 활동을 만들어서 아이부터 어른까지 즐길 수 있게 하고 있습니다. 입장료는 무료지만 방문 (입장) 하루 전까지 인터넷으로 신청을 받습니다.

65 正解 ❶ 재미없다

解説 北村伝統博物館では、人々の博物館に対する考え方を変えるために、様々な「즐길 수 있는 (楽しめる)」プログラムを用意しています。したがって、美術館は「재미없다 (つまらない)」と思われていることが推察されます。

[65~66] 次を読んで、質問に答えてください。

最近、博物館は「博物館は (㉠)」という人々の考えを変えようと努力しています。北村伝統博物館は、昔の人たちの方法で餅作りや韓服の試着などのアクティビティを作って、子どもから大人まで楽しめるようにしています。入場料は無料ですが、訪問 (入場) 前日までにインターネットでの申し込みを受け付けます。

65 ㉠に入る適切な言葉を選んでください。

❶ つまらない
② 難しい
③ 簡単だ
④ 静かだ

66 正解 ❹ 사람들의 생각을 바꾸려고 활동을 만들었습니다.

解説 語り手は、人々の考え方を変えようとする彼らの試みの一例として、あるアクティビティについて説明しています。よって、正解は④です。

① アクティビティは~~中学生から~~やることができます。
→ 子どもから大人まで参加できます。

② 入場の~~前日のみ~~申し込みを受け付けます。
→ 前日まで受け付けます。

③ インターネット申込者のみ~~入場料が割引されます~~。
→ インターネットからお申し込みの方は、入場料が無料になります。

66 上の文の内容と一致するものを選んでください。

① アクティビティは中学生からやることができます。
② 入場の前日のみ申し込みを受け付けます。
③ インターネット申込者のみ入場料が割引されます。
❹ 人々の考えを変えようとアクティビティを作りました。

[67~68] 다음을 읽고 물음에 답하십시오. ▶ P. 114

한국에서는 식사할 때 그릇을 들고 먹거나 씹을 때 소리가 나면 안 됩니다. 젓가락은 반찬을 숟가락은 밥과 국물을 먹을 때 사용합니다. 어른이 물이나 술을 주실 때는 잔을 두 손으로 받고 나이가 적은 사람은 (㉠)보다 먼저 식사를 시작하면 안 됩니다. 밥을 다 먹어도 어른의 식사가 끝날 때까지 기다려야 합니다.

67 正解 ❶ 나이가 많은 사람

解説 「보다 (～より)」は比較対象で使われ、「에 비해서 (～と比較して)」の意味を持ちます。年下の人の比較対象は年上の人です。よって、正解は①です。

68 正解 ❸ 어른한테서 물을 받을 때는 두 손으로 받습니다.

解説 語り手は、年上の人が水を差し出すとき、年下の人は両手でグラスを持つべきだと言っています。したがって、正解は③です。

① ご飯茶碗を~~持って~~食べます。
→ ご飯を食べるときは、茶碗を食卓に置いてください。

② 食事が終わったら~~先に立ち上がらなければなりません~~。
→ 年上の人の食事が終わるのを待たなければなりません。

④ ~~水は片手でもらい、酒は両手で~~もらわなければなりません。
→ 年上の人から水やお酒を勧められたら、両手でグラスを持ちましょう。

・어른　大人
・경우　場合

[67~68] 次を読んで、質問に答えてください。

韓国では、食事をするときにお碗を持って食べたり、噛むときに音を立てたりしてはいけません。箸はおかずを、スプーンはご飯や汁物を食べるときに使います。年上の人が水やお酒をくださるときは、グラスを両手で持って受け、年下の人は (㉠) より先に食事を始めてはいけません。ご飯を食べ終わっても、年上の人の食事が終わるまで待たなければなりません。

67 ㉠に入る適切な言葉を選んでください。

❶ 年上の人
② 食事を注文した人
③ 食事を準備した人
④ 食事代を払った人

68 上の文の内容と一致するものを選んでください。

① ご飯茶碗を持って食べます。
② 食事が終わったら先に立ち上がらなければなりません。
❸ 年上の人から水をもらうときは両手でもらいます。
④ 水は片手でもらい、酒は両手でもらわなければなりません。

[69~70] 다음을 읽고 물음에 답하십시오. ▶ P. 115

저는 매달 월급을 받아서 생활하는데 매달 월세를 내면 남는 돈이 많지 않아서 돈을 모으기가 어렵습니다. 매년 월급은 비슷한데 물건 가격은 오르니까 돈을 (㉠). 저는 혼자 살아서 전에는 음식을 만들면 다 먹지 못해서 버릴 때가 많았는데 요즘은 1인분으로 포장된 재료를 쓰니까 쓰레기도 덜 나오고 편리합니다. 앞으로 생활비를 아낄 수 있는 방법을 더 알아봐야겠습니다.

69 正解 ❸ 아껴 써야 합니다

解説 給料は同じでも生活費は上がるので、使う金額を減らすべきでしょう。無茶な使い方をしないという意味の③「아껴 쓰다 (節約して使う)」が正解です。

70 正解 ❹ 1인분으로 포장된 재료를 쓴 후에 음식을 덜 남깁니다.

解説 1人分ずつ詰めた食材を使った後のゴミが少ないと語り手が言っているので、食べ残しが少ないことが推察されます。

① ~~友人と~~生活費を分けて出しています。

→ 一人暮らしをしています。

② この人はお金をたくさん~~貯めました~~。

→ お金を貯めるのが大変です。

③ ~~この人の月給~~は毎年上がります。

→ 生活費が毎年上がっています。

・오르다 上がる、上昇する

・아끼다 節約する

[69~70] 次を読んで、質問に答えてください。

私は毎月給料を受け取って生計を立てていますが、毎月家賃を払うと残りのお金が多くないので、お金を貯めることが難しいです。毎年の給料は同じようなものですが、物の価格は上がるので、お金を（ ㉠ ）。私は一人で暮らしているので、以前は料理を作っても全部食べられなくて捨てるときが多かったですが、最近は1人分に包装された材料を使うので、ゴミもあまり出なくて便利です。これから生活費を節約できる方法もっと調べてみないといけません。

69 ㉠に入る適切な言葉を選んでください。

① 集めなければなりません
② 稼がなければなりません
❸ 大切に使わなければなりません
④ 送らなければなりません

70 上の文の内容と一致するものを選んでください。

① 友人と生活費を分けて出します。
② この人はお金をたくさん貯めました。
③ この人の月給は毎年上がります。
❹ 1人分に包装された材料を使った後に食べ物をあまり残しません。

연습용

한국어능력시험 TOPIK I

듣기, 읽기

성 명 (Name)	한 국 어 (Korean)	
	영 어 (English)	

수	험	번	호								
					7						
⓪	⓪	⓪	⓪	⓪		⓪	⓪	⓪	⓪	⓪	⓪
①	①	①	①	①		①	①	①	①	①	①
②	②	②	②	②		②	②	②	②	②	②
③	③	③	③	③		③	③	③	③	③	③
④	④	④	④	④		④	④	④	④	④	④
⑤	⑤	⑤	⑤	⑤		⑤	⑤	⑤	⑤	⑤	⑤
⑥	⑥	⑥	⑥	⑥		⑥	⑥	⑥	⑥	⑥	⑥
⑦	⑦	⑦	⑦	⑦	●	⑦	⑦	⑦	⑦	⑦	⑦
⑧	⑧	⑧	⑧	⑧		⑧	⑧	⑧	⑧	⑧	⑧
⑨	⑨	⑨	⑨	⑨		⑨	⑨	⑨	⑨	⑨	⑨

문제지 유형 (Type)	
홀수형 (Odd number type)	○
짝수형 (Even number type)	○

※결 시 확인란	결시자의 영어 성명 및 수험번호 기재 후 표기	○

※ 위 사항을 지키지 않아 발생하는 불이익은 응시자에게 있습니다.

※감독관 확 인	본인 및 수험번호 표기가 정확한지 확인	(인)

번호	답		란	
1	①	②	③	④
2	①	②	③	④
3	①	②	③	④
4	①	②	③	④
5	①	②	③	④
6	①	②	③	④
7	①	②	③	④
8	①	②	③	④
9	①	②	③	④
10	①	②	③	④
11	①	②	③	④
12	①	②	③	④
13	①	②	③	④
14	①	②	③	④
15	①	②	③	④
16	①	②	③	④
17	①	②	③	④
18	①	②	③	④
19	①	②	③	④
20	①	②	③	④

번호	답		란	
21	①	②	③	④
22	①	②	③	④
23	①	②	③	④
24	①	②	③	④
25	①	②	③	④
26	①	②	③	④
27	①	②	③	④
28	①	②	③	④
29	①	②	③	④
30	①	②	③	④
31	①	②	③	④
32	①	②	③	④
33	①	②	③	④
34	①	②	③	④
35	①	②	③	④
36	①	②	③	④
37	①	②	③	④
38	①	②	③	④
39	①	②	③	④
40	①	②	③	④

번호	답		란	
41	①	②	③	④
42	①	②	③	④
43	①	②	③	④
44	①	②	③	④
45	①	②	③	④
46	①	②	③	④
47	①	②	③	④
48	①	②	③	④
49	①	②	③	④
50	①	②	③	④
51	①	②	③	④
52	①	②	③	④
53	①	②	③	④
54	①	②	③	④
55	①	②	③	④
56	①	②	③	④
57	①	②	③	④
58	①	②	③	④
59	①	②	③	④
60	①	②	③	④

번호	답		란	
61	①	②	③	④
62	①	②	③	④
63	①	②	③	④
64	①	②	③	④
65	①	②	③	④
66	①	②	③	④
67	①	②	③	④
68	①	②	③	④
69	①	②	③	④
70	①	②	③	④

연습용

한국어능력시험
TOPIK Ⅰ
듣기, 읽기

성 명 (Name)	한 국 어 (Korean)	
	영 어 (English)	

수	험	번	호								
					7						
⓪	⓪	⓪	⓪	⓪		⓪	⓪	⓪	⓪	⓪	⓪
①	①	①	①	①		①	①	①	①	①	①
②	②	②	②	②		②	②	②	②	②	②
③	③	③	③	③		③	③	③	③	③	③
④	④	④	④	④		④	④	④	④	④	④
⑤	⑤	⑤	⑤	⑤		⑤	⑤	⑤	⑤	⑤	⑤
⑥	⑥	⑥	⑥	⑥		⑥	⑥	⑥	⑥	⑥	⑥
⑦	⑦	⑦	⑦	⑦	●	⑦	⑦	⑦	⑦	⑦	⑦
⑧	⑧	⑧	⑧	⑧		⑧	⑧	⑧	⑧	⑧	⑧
⑨	⑨	⑨	⑨	⑨		⑨	⑨	⑨	⑨	⑨	⑨

문제지 유형 (Type)	
홀수형 (Odd number type)	○
짝수형 (Even number type)	○

※결 시 확인란	결시자의 영어 성명 및 수험번호 기재 후 표기	○

※ 위 사항을 지키지 않아 발생하는 불이익은 응시자에게 있습니다.

※감독관 확 인	본인 및 수험번호 표기가 정확한지 확인	(인)

번호	답 란	번호	답 란	번호	답 란	번호	답 란
1	① ② ③ ④	21	① ② ③ ④	41	① ② ③ ④	61	① ② ③ ④
2	① ② ③ ④	22	① ② ③ ④	42	① ② ③ ④	62	① ② ③ ④
3	① ② ③ ④	23	① ② ③ ④	43	① ② ③ ④	63	① ② ③ ④
4	① ② ③ ④	24	① ② ③ ④	44	① ② ③ ④	64	① ② ③ ④
5	① ② ③ ④	25	① ② ③ ④	45	① ② ③ ④	65	① ② ③ ④
6	① ② ③ ④	26	① ② ③ ④	46	① ② ③ ④	66	① ② ③ ④
7	① ② ③ ④	27	① ② ③ ④	47	① ② ③ ④	67	① ② ③ ④
8	① ② ③ ④	28	① ② ③ ④	48	① ② ③ ④	68	① ② ③ ④
9	① ② ③ ④	29	① ② ③ ④	49	① ② ③ ④	69	① ② ③ ④
10	① ② ③ ④	30	① ② ③ ④	50	① ② ③ ④	70	① ② ③ ④
11	① ② ③ ④	31	① ② ③ ④	51	① ② ③ ④		
12	① ② ③ ④	32	① ② ③ ④	52	① ② ③ ④		
13	① ② ③ ④	33	① ② ③ ④	53	① ② ③ ④		
14	① ② ③ ④	34	① ② ③ ④	54	① ② ③ ④		
15	① ② ③ ④	35	① ② ③ ④	55	① ② ③ ④		
16	① ② ③ ④	36	① ② ③ ④	56	① ② ③ ④		
17	① ② ③ ④	37	① ② ③ ④	57	① ② ③ ④		
18	① ② ③ ④	38	① ② ③ ④	58	① ② ③ ④		
19	① ② ③ ④	39	① ② ③ ④	59	① ② ③ ④		
20	① ② ③ ④	40	① ② ③ ④	60	① ② ③ ④		

연습용

한국어능력시험 TOPIK Ⅰ

듣기, 읽기

성 명 (Name)	한 국 어 (Korean)	
	영 어 (English)	

수	험	번	호								
					7						
⓪	⓪	⓪	⓪	⓪		⓪	⓪	⓪	⓪	⓪	⓪
①	①	①	①	①		①	①	①	①	①	①
②	②	②	②	②		②	②	②	②	②	②
③	③	③	③	③		③	③	③	③	③	③
④	④	④	④	④		④	④	④	④	④	④
⑤	⑤	⑤	⑤	⑤		⑤	⑤	⑤	⑤	⑤	⑤
⑥	⑥	⑥	⑥	⑥		⑥	⑥	⑥	⑥	⑥	⑥
⑦	⑦	⑦	⑦	⑦	●	⑦	⑦	⑦	⑦	⑦	⑦
⑧	⑧	⑧	⑧	⑧		⑧	⑧	⑧	⑧	⑧	⑧
⑨	⑨	⑨	⑨	⑨		⑨	⑨	⑨	⑨	⑨	⑨

문제지 유형 (Type)	
홀수형 (Odd number type)	○
짝수형 (Even number type)	○

※결 시 확인란	결시자의 영어 성명 및 수험번호 기재 후 표기	○

※ 위 사항을 지키지 않아 발생하는 불이익은 응시자에게 있습니다.

※감독관 확 인	본인 및 수험번호 표기가 정확한지 확인	(인)

번호	답			란	번호	답			란	번호	답			란	번호	답			란
1	①	②	③	④	21	①	②	③	④	41	①	②	③	④	61	①	②	③	④
2	①	②	③	④	22	①	②	③	④	42	①	②	③	④	62	①	②	③	④
3	①	②	③	④	23	①	②	③	④	43	①	②	③	④	63	①	②	③	④
4	①	②	③	④	24	①	②	③	④	44	①	②	③	④	64	①	②	③	④
5	①	②	③	④	25	①	②	③	④	45	①	②	③	④	65	①	②	③	④
6	①	②	③	④	26	①	②	③	④	46	①	②	③	④	66	①	②	③	④
7	①	②	③	④	27	①	②	③	④	47	①	②	③	④	67	①	②	③	④
8	①	②	③	④	28	①	②	③	④	48	①	②	③	④	68	①	②	③	④
9	①	②	③	④	29	①	②	③	④	49	①	②	③	④	69	①	②	③	④
10	①	②	③	④	30	①	②	③	④	50	①	②	③	④	70	①	②	③	④
11	①	②	③	④	31	①	②	③	④	51	①	②	③	④					
12	①	②	③	④	32	①	②	③	④	52	①	②	③	④					
13	①	②	③	④	33	①	②	③	④	53	①	②	③	④					
14	①	②	③	④	34	①	②	③	④	54	①	②	③	④					
15	①	②	③	④	35	①	②	③	④	55	①	②	③	④					
16	①	②	③	④	36	①	②	③	④	56	①	②	③	④					
17	①	②	③	④	37	①	②	③	④	57	①	②	③	④					
18	①	②	③	④	38	①	②	③	④	58	①	②	③	④					
19	①	②	③	④	39	①	②	③	④	59	①	②	③	④					
20	①	②	③	④	40	①	②	③	④	60	①	②	③	④